기부트렌드
2025

일러두기

열트친 | '열매트렌드친구'의 약칭. 사랑의열매 나눔문화연구소의 기부트렌드 조사에 참여한 18명의 시민패널을 의미한다. 공개 모집을 통해 자발적으로 연구에 참여해 준 시민들이다.

열트메 | '열매트렌드메이커'의 약칭. 사랑의열매 나눔문화연구소의 기부트렌드 조사에 자발적으로 참여한 모금가 13명을 의미한다. 모금현장에서 트렌드를 만들어가는 활동가들이다.

비영리 모금 조직 | 비영리 시민사회 영역에서 모금 활동을 하는 단체와 법인을 통칭하는 말이다. 모금 활동을 전문적으로 하는 전문 모금기관뿐 아니라, 지역에서 다양한 활동을 하면서 모금 활동을 하는 조직체를 아우른다. 일반적으로 시민들이 많이 사용하는 '기부 단체'도 여기에 포함된다.

모금가 | 비영리 시민사회 영역에서 모금 활동을 하는 사람을 통칭하는 말이다. 모금 전문가에서부터 모금 업무를 담당하는 비영리 영역의 종사자들과 활동가를 모두 포함한다.

인용문내 꺾쇠표시[ ]는 독자들의 이해를 돕기 위해 저자가 보충한 것이다.

Giving
Trend

기부트렌드 2025

효율을 넘어 성과로, 기부 감각을 깨우다

기부트렌드

박미희 이수현 윤지현 최계명 이영주 유재윤 허담

사랑의열매
사회복지공동모금회

나무의
목숨이

헛되지
않는 책

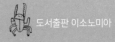
도서출판 이소노미아

'기부 감각'은 살아 있다!

기부트렌드 2기 패널단의 이야기 속에서, 그리고 심층 인터뷰를 통해 만난 다양한 사람들의 말 속에서, 유독 '느끼다'라는 단어가 우리의 눈과 귀를 반복적으로 자극했습니다. 으레 나타나는 일상어일지도 몰라요. 하지만 우리는 이 단어에 담긴 의미 안으로 들어가 보았습니다.

기부트렌드 연구를 위해 만난 사람들에게 우리는 '첫 기부 경험'을 가장 먼저 묻습니다. 한 번의 체험이 '나의 기부 경험'이 되는 바로 그 전환의 순간, 우리는 질적으로 다르게 변화하는 이 변곡점 앞에 섭니다. 무엇이 이런 질적인 변화를 이끄는 걸까요? 기부자들의 말 속에서 자주 등장했던 '느끼다'라는 단어가 꿈틀거리면서 우리에게 말을 걸어왔습니다. 체험이 '나의 경험'으로 바뀌기 위해서는 우선 '감각'되어야 한다는 겁니다.

'감각感覺'은 한자 그대로를 풀어 쓰면, 느끼고 깨닫는다는 말이지요. 우선 외부의 자극을 받습니다. 그것이 내 머릿속에서 어떤 의미를 형성하더니, 결과적으로 내 정신의 변화를 일으키는 것, 이것이 한자어가 말하는 '감각'입니다. 기부를 '감각'할 수 있어야 '나의 기부'가 된다는 이런 평범한 논리가 비로소 이해되는 순간이었습니다. 시민들이 그렇게 기부해 왔지 않을까요?

그러므로 우리는 기부자들에게 기부의 감각이 깨어나던 그 순간을, 기부 감각을 연결하고 확장하는 그 과정을, 그리고 시민들의 기부 감각을 무디게 하는 상황에 주목하면서 『기부트렌드 2025』를 만들어 나갔습니다.

기부트렌드 1 〈기부 감각을 깨우다〉에서는 효율만을 따지는 세상 분위기에서도 예상치 못한 낭만에 반응하는 시대적 상황을 살펴보면서, 이런저런 상황 속에서 기부자들의 기부 감각이 어떻게 깨어나고 형성되는지를 살펴보았습니다.

기부트렌드 2 〈기부자, 물성에 끌리다〉에서는 기부가 손에 잡히듯 생생하게 느껴지는 경험에 주목합니다. 참여형 콘텐츠, 기부런 및 기부 팝업과 같은 행사, 굿즈와 물품 기부, 자원봉사 등에 기부자들이 반응하는 이유를 '물성materiality'이라는 개념으로 풀어보았습니다.

기부트렌드 3 〈우리의 지문을 남기고 싶어요〉에서는 기업의 사회적 책임 활동CSR 트렌드를 살펴보았습니다. 기부금을 어떻게 더 효율적으로 쓸 것인지, CSR 활동을 통해 기업의 지문과 색깔, 자신만의 스토리를 어떻게 남길 것인지, 기업의 주된 관심사를 하나씩 꺼내서 사례들을 연결해

보았습니다.

기부트렌드 4 〈옴니레이징, 기부 감각을 깨우는 일관된 경험〉에서는 '옴니레이징'이라는 새로운 단어를 독자 여러분에게 제안합니다. 브랜딩이 비영리 조직에서도 적극적으로 활용되고 있으며, 앞으로도 확대될 것임이 예측됩니다. 그러나 비영리 마케팅이 점점 고도화되고 전문화되는 가운데 비영리 활동가들이 느끼는 압박, 중소 규모 조직의 가중되는 어려움 같은 문제도 거론합니다.

기부트렌드 5 〈감각의 연결 – 로컬 기빙과 소셜 임팩트〉에서는 로컬과 소셜 임팩트를 통해 기부의 감각이 연결되고 확장되고 있음을 밝힙니다. 로컬 기빙에서는 지역이라는 공간성을 중심으로 기부 감각이 연결되고 유지·강화되고 있음을 살펴봅니다. 소셜 임팩트는 기부자들이 기부 감각을 강화하는 중요한 방법이 되고 있습니다. 임팩트를 중심으로 기부 감각이 새로운 방식으로 연결되고 있는 현장을 찾아갑니다.

기부트렌드 6 〈기부 감각 되살리기〉에서는 기부자들의 기부 감각이 상실되는 사례들을 구체적으로 살펴봅니다. 감각할 수 없는 피드백, 말초적 감각을 자극하는 빈곤 포르노, 기부자 불신의 핵심으로 확장되고 있는 비영리 기관의 운영비 문제를 두루 고찰한 후에, 우리 사회의 기부 감각을 되살리기 위해 나눔 교육과 기부에 대한 사회적 인정이 필요함을 제안합니다.

기부트렌드 연구 10년을 돌아보다!

2025년은 기부트렌드 연구를 시작한지 10주년 되는 해입니다. 2015년 〈기부 및 사회 이슈 트렌드〉라는 이름으로 처음 시작된 이 연구는 사랑의열매가 다음해 사업 방향 및 전략을 수립하는 데 도움이 될 자료를 수집·분석한 내부 전략 보고서 형식이었습니다. 당시 반응이 상당히 좋았다고 합니다. 이런 내용을 사랑의열매뿐만 아니라 다른 비영리 조직들도 활용할 수 있다면 좋지 않겠느냐는 의견이 모였고, 결국 연구 내용의 폭을 넓히고 깊게 하는 방향으로 전환되었습니다.

지난 10년의 기부트렌드 연구 시간을 반추해 보면, 내용적으로는 밀레니얼 세대를 처음으로 집중 조명한 〈기부트렌드 2019〉가, 형식적으로는 더 많은 사람이 쉽게 찾고 읽을 수 있도록 정식 도서로 발간한 『기부트렌드 2024』가 특히 트렌드 연구의 변곡점이었다고 생각합니다.

기부의 주축이 4050세대이기 때문에, 청년 세대는 그동안은 비영리 모금 활동가들에게 크게 주목받지 못했습니다. 청년 세대는 경제적으로 여유가 없었고, 그래서 기부할 여력도 없었습니다. 그러나 우리는 앞으로의 변화를 예측하기 위해 MZ세대라 일컫는 청년 세대에 주목할 필요가 있음을 깨달았습니다. 2016년 전국에서 일어난 촛불 집회가 인식 전환의 계기였습니다.

청년 세대는 기성 세대와는 다른 방식으로 사고하고 행동하곤 합니다. 마치 그런 것처럼 청년 세대의 사회 참여 방식도 '다르다'는 사실을 직접 목격했습니다. 그리고 소수에서 시작된 '다름'이 대세, 즉 주류가 되는 현상을 보았습니다. 기부도 마찬가지입니다. 우리는 청년들의 사고와 그들의 행동이 기부의 미래를 주도하리라 직감했습니다. 시간이 걸리겠으나, 다른 세대에게도 영향을 미치겠지요. 그렇게 하여 도출한 트렌드가 〈밀레니얼의 기부, 나를 드러내는 착한 소비〉(2019)였습니다. 그리고 이어서 〈MZ세대의 작은 참여, 세상을 바꾸는 선한 영향력〉(2020)이었습니다.

기부트렌드 연구는 기부와 모금을 둘러싼 다양한 행위자들의 인식과 행동을 관찰하면서, 미래 변화의 물줄기, 변화의 양상, 그 속에 담긴 의미를 해석하는 연구입니다. 이 연구는 비영리 섹터의 모금 활동가들에게 기부자들의 변화와 법·제도·경제·기술 등의 환경 변화, 그리고 모금 조직들의 대응 양식에 대한 정보를 제공하는 것을 목적으로 시작했습니다. 지금도 그 목적은 유효합니다.

그렇지만 지난 10년 동안 연구를 수행하는 과정에서, 우리는 비영리 섹터의 활동가들이 점점 더 소진되고, 방향을 잃고, 결국은 비영리 영역을 떠나는 것을 보았습니다. 소명 의식을 많이 갖고 있던 사람들이, 우리 사회가 조금이라도 더 나아지는 데 기여하고자 했던 사람들이 벽에 부딪혔습니다. 그들의 소망이 클수록 더 높은 벽에 부딪혔습니다. 그들의 좌절이 우리의 고민이자 마음의 짐이었습니다. 그리하여 우리는 이 연구를 통해 비영리 활동가들의 고민과 생각을 다른 활동가들과, 그리고 기부자뿐 아니라 시민들과도 함께 공유할 필요가 있음을 깨달았습니다. 그 결과가 정식 도서로서 서점에서 일반 독자들을 만나기 시작한 『기부트렌드 2024』였습니다.

기부트렌드가 도서로 발간된 후, 많은 독자분께서 긍정적인 피드백을 주셨습니다. 이 책을 언제나 손에 닿는 곳에 꽂아두고 수시로 찾아서 본다는 비영리 활동가의 얘기를 들었을 때, 한편으로는 깊은 감사하는 마음과 함께 다른 한편으로는 더 좋은 내용을 담아야 한다는 압박감도 느꼈습니다. 하지만 이 압박감조차 우리가 해야 할 일에 비하면 그 크기가 크지는 않습니다.

이 책의 초고에는 더 많은 이야기가 담겨 있었습니다. 그러나 편집 과정에서 ESG 트렌드를 포함해서 상당 부분이 빠졌습니다. 더 충만한 내용으로 『기부트렌드 2026』에 담길 것이니 기대해 주십시오. 또한 이 책에 담지 못한 많은 이야기가 있었습니다. 어느 활동가께서 그런 부분들은 독자들이 잘 채워줄 거라고 조언해 주셨습니다. 집필진들이 일차적으로 이 책의 내용을 준비하긴 했지만, 완성은 저희 몫이 아니라는 조언이었습니다. 현장의 활동가들과 기부자들이 이 책을 완성해 주십시오.

지난 10년 동안 우리가 함께 여기까지 온 것처럼, 앞으로 10년도 기부트렌드는 비영리 활동가, 기부자, 시민들이 함께하겠지요. 그리고 집필진들이 늘 관찰하고 연구하면서 함께하겠습니다.

이 책이 나오기까지 자신의 경험과 의견을 솔직하고 풍부하게 제공해 주신 기부트렌드 패널 2기 여러분들과, 심층 인터뷰에 참여해주신 분들께 지면을 통해 다시 한 번 감사의 마음을 전합니다. 덕분에 올해에도 기부트렌드 책이 나올 수 있었습니다. 책이 출판되기까지 애정으로 도와주신 많은 분께 고개 숙여 마음을 표현합니다. 감사합니다.

사랑의열매 사회복지공동모금회 나눔문화연구소

content

트렌드

트렌드

기부자, 물성에 끌리다 | 052

content

트렌드

옴니레이징, 기부 감각을 깨우는 일관된 경험 | 118

content

트렌드

트렌드

기부 감각 되살리기 | 194

트렌드

1

기부 감각을 깨우다

#기부감각

#첫기부

#기부케미

#효율이냐낭만이냐

#낭만코드

#나의추구미

#액티브시니어

당신의 기부 감각은 깨어 있는가?

우리는 경험을 통해 세상을 이해한다. 다양한 감각을 통해 얻은 정보가 우리의 경험을 형성하고, 그렇게 형성된 경험이 세상을 바라보는 우리의 시각과 감정을 만든다. 지난 6년간의 트렌드를 살펴보면, 기부자들은 기부를 경험하는 과정을 통해 자신의 정체성을 드러내고, 사회에 선한 영향력을 넓혀나가는 주체적 존재로 변화해 왔다.

v 밀레니얼의 기부, '나를 드러내는' 착한 소비(기부트렌드 2019)

v MZ세대의 작은 참여, 세상을 바꾸는 '선한 영향력' (기부트렌드 2020)

v 위기 상황에서 보여진 상생의 힘 & 기부자가 앞장선 다양한 판 깔기
    (기부트렌드 2021)

v 기부, 가치 있게 돈을 쓰는 나만의 방식 (기부트렌드 2022)

v 사회 속의 '나'를 생각하는 기부자 & 기부, 내 일상을 더욱 이롭게!
    (기부트렌드 2023)

v 기부, 지향성과 만나 정체성이 되다 & 주도하는 기부자 (기부트렌드 2024)

고속 성장을 기대하며 빠르게 달리는 시대는 더 이상 아니다. 그래서 한편으로는 생존을 위해 모든 것에 효율을 따지는 게 당연하다 생각하면서도, 다른 한편으로는 예상하지 못한 상황이 선사하는 낭만에 반응하기도 하는 시대. 어려운 현실을 바로 마주하면서도 동시에 희망을 꿈꿔 보는 이 시대에 나타나는 기부의 감각, 효율과 낭만을 모두 누리는 사람들이 있다.

『기부트렌드 2025』는 깨어 있는 감각으로 기부하며, 지속적인 기부 경험을 통해 '좋은 사람', '괜찮은 세상'을 만들어 가는 기부자들의 모습에 주목한다. 기부는 좋은 사람을 지향하는 기부자들의 추구미美를 보여준다. 신조어 '추구미'는 내가 원하는 이미지나 모습에 아름다운 감성을 더한 의미를 나타낸다. 그러면서 나의 추구미를 공유하는 것이 일반적이다. 기부자들이 자연스럽지만 티가 나는 기부를 원하는 이유다. 좋은 사람으로 살아가려는 노력은 나이에 한계를 두지 않는다. 액티브 시니어Active Senior들이 보여주는 기부 경험은 삶을 풍성하게 하고 돌봄이 순환되는, 지속 가능한 고령 사회를 기대하게 한다.

기부 감각이 깨어나던 그때,
나의 첫 기부

기부 감각이 깨어나다

자신의 첫 기부에 대한 기억은 저마다 다르다. 처음 기부를 한 나이,
장소, 계기는 모두 다르지만, 대부분 자발적인 결정보다는 타인이나
조직에 의한 일회성의 체험을 통해 기부를 처음 경험하게 된다는 공
통점이 있다. 많은 기부자에게 처음 기부했을 때의 경험은 '등 떠밀린',
'좋지도 나쁘지도 않은 기억'으로 남아있다.

> 교회에서 기부를 한다 하길래 좋은 의미로 기부했던 기억이
> 납니다. 사실 의미 있게 한 것은 아니고, 등 떠밀리듯이 듯이
> 한 기억이 있어서 처음 기억은 그렇게 좋지도 나쁘지도 않았
> 습니다. _박재진/시민패널 열트친, 30대, 남.

학창 시절에 자의적인 건 아니고 선생님 주도 하에 기부 단체에 기부금 전달하는 거, 그걸로 처음에 시작했던 것 같아요. 그때는 그런 문화가 있었던 것 같아요. 학교에서 반에서, 동전이든 현금이든 조금씩 모아가지고 어떤 기부함에 넣으면 선생님이 그걸 전달하시고, 이랬던 것 같아요. _최희진/개인기부자, 40대, 여.

사실 그때는 학교에서 강제로 무슨 불우이웃돕기 이런 게 있었기 때문에 저희가 물품 내는 거나 아니면은 돈 같은 거 내는 게 있었기도 하고… _임진영/개인기부자, 60대, 여.

자발적으로 선택한 일이 아니다 보니 이러한 기부 체험이 '진짜' 나의 첫 기부로 생각되지 않는 경우가 많다. 그럼에도 연말연시를 맞아, 혹은 긴급하게 도움이 필요한 재난재해가 일어나서 등등, 일상적이지는 않지만 특별한 의미를 담은 캠페인들은 중요하다. 왜냐하면 이러한 체험을 통해 처음 기부를 '감각'하게 되기 때문이다.

살아있는 존재는 모두 감각sense한다. 외부에서 일어나는 모든 일은 보고, 듣고, 느끼는 과정을 통해 나에게 받아들여지며 어떠한 의미를 형성한다. 그래서 혹자는 인간은 자신의 맥박 위에서 세상을 지각한다고도 표현한다.[1] 무엇인가를 '감각'한다는 것은 외부의 자극을 우리의 감각 기관을 통해 받아들이고 인식하는 과정을 의미한다. 이것은 단순히 자극을 느끼는 것을 넘어서 우리의 의식에 변화를 일으키는 중요

---

1 다이앤 애커먼, 『감각의 박물관』, 작가정신, 2004.

한 과정이다. 기부를 감각한다는 것도 그러하다. 기부를 통해 그 찰나의 순간에 어떤 감정을 느끼기도 하지만, 기부가 단순히 돈이나 물건을 전달하는 행위를 넘어서는 의미로 깊이 있게 인식하고 경험하게 되는 과정, 그것이 진짜 기부의 감각이다.

> 기부는 단순히 돈을 내는 것이 아니라, 마음을 나누는 일이라고 생각해요. 기부를 통해 우리는 작은 금액이라도 모여 큰 변화를 만들 수 있다는 것을 느끼게 되죠.
>
> _이건우/시민패널 열트친, 20대, 남.

기부가 경험이 되는 순간
· · · · · · · · · · · · · · · · · · ·

우리가 감각하는 것들은 모여 경험이 된다.

경험은 체험보다 일정 기간 지속되거나 반복적인 활동을 말한다. 그리고 활동 그 자체만 아니라 이를 통해 얻은 지식이나 감정도 경험을 구성한다. 즉 체험은 한 번 해보는 일시적인 것이라면, 경험은 지속적인 활동을 통해 내 머릿속에 자리잡은 '나의 것'이다.[2] 여러 번 기부에 참여해 보고, 그 과정에서 기부의 가치를 발견하게 된 사람들은 '진

---

2 체험Erlebnis과 경험Erfahrung의 차이에 대해서, 발터 벤야민Walter Benjamin 1892~1940의 에세이
<Erfahrung>(1913) 참고.

짜 나의 기부'를 시작하게 되며,[3] 이를 통해 기부는 비로소 나의 경험
이 된다.

> 의무적인 기부가 아니라, '내가 무언가 도움이 되는 기부를 했
> 구나'라고 느낀 것이 [저의] 첫 기부라고 생각합니다.
>
> _이영한/시민패널 열트친, 40대, 남.

> 첫 기부는 강제적이었습니다. (중략) 그러나 자라면서 느낀 기
> 부는 다른 것이었습니다. 의무감과 강압에 의해 이루어진 기
> 부는 기부라고 할 수 없었습니다. 나를 필요로 하는 사람을
> 위해 돈을 준다는 행위가 오롯이 나를 채우는 행위라는 걸 깨
> 달았을 때 비로소 처음 기부를 했다는 생각을 하게 되었습니
> 다. _노상욱/시민패널 열트친, 20대, 남.

> 제 첫 기부는 E기관 정기 후원이었습니다. 용돈에서 조금을
> 떼고 부모님이 나머지를 보태서 하는 방식이었습니다. 사실 처
> 음에는 용돈이 줄어든다는 게 속상하고 싫었는데 E기관의 해
> 외 빈곤 아동 다큐멘터리를 보면서 생각이 바뀌었던 것 같아
> 요. 그 이후로 부모님한테 종종 "아직도 기부 하고 있지? 그
> 친구 요새 어떻게 살아?"라고 물었던 기억이 납니다. 이후로
> 는 기부라는 개념 자체에 좋은 생각을 가지게 되어서, 학교

---

3 박미희 외. 『기부트렌드 2024』, 이소노미아, 2024.

에서 크리스마스실Christmas seal이나 장애인분들이 만드신 물품을 사면서 작게나마 참여하게 되었습니다.

_송현서/시민패널 열트친, 10대, 여.

우리 모두에게는 기부 감각이 있다. 그 감각이 깨어나는 순간, 기부는 연속적인 경험이 된다. 감각적 경험이 단순히 개인의 신체적 반응에 그치는 게 아니라 사회적 실천으로 이어진다. 우리는 감각을 통해 사회적 관계를 유지하며, 문화적 의미를 공유한다.

우리의 경험은 감각에 의존한다.[4] 어디에 기부할까 고민하는 과정에서 믿을 만하다는 '느낌', 나에게 효능감을 줄 수 있을 것 같은 사업의 내용을 따져보게 되는 것도 이러한 이유다. 물론 기부자마다 편차는 있다. 많은 것을 생각해 보지 않고 대형 비영리 모금 조직을 선택하는 경우도 많다. 그런데 이는 도리어 더 직접적으로 감각에 의지한다. 고민해 보지 않아도 '믿음직스러운' 느낌을 찾게 되기 때문이다.

> 기부단체를 선정할 때 가장 중요한 건 제 마음을 동하게 만드느냐의 여부인 것 같습니다. 제가 그 단체의 이야기 혹은 영상을 보고 마음이 동하면 기부를 결심하게 된 것 같습니다. 결과 보고서를 통해 한 해의 활동들을 보기도 하고, 홍보 기사

---

4 Donald Davidson, <Subjective, Intersubjective, Objective: Philosophical Essay Volume 3>, Oxford University Press, 2001, "A Coherence Theory of Truth and Knowledge", p.146

를 찾아보며 단체의 이미지를 보기도 합니다.

_신유리/시민패널 열트친, 30대, 여.

소규모 단체보다 어느 정도 규모가 있는 단체에 기부를 하게
되는 것 같아요. 체계가 잡혀있는 모습이나, 그동안 기부했던
기록이나 역사가 차곡차곡 쌓여있는 곳이 믿음직스러운 것
같아요! 또 기부 단체를 딱 떠올렸을 때 생각나는 곳들이 있
으실 것 같은데요. 어렸을 때부터 기부 단체 하면 규모가 큰
몇 군데가 떠오르는 곳이 있다 보니, 자연스럽게 그런 곳들 중
에서 기부할 곳을 고르게 된 것 같기도 하네요.

_최준희/시민패널 열트친, 20대, 여.

이제 사람들은 무언가를 '소유'하기보다 '경험'하기를 원한다.[5] 기부를
결정하는 과정에서도 마찬가지다. 기부는 나에게 어떤 경험이 될 수
있는가를 생각하며, 경험의 통로가 되어 줄 모금 조직을 찾는다. 기부
라는 경험을 통해 '나만의 이야기'를 만들고 싶은 기부자들이 늘어나
는 것 역시 이러한 맥락 안에 있다.

예전에는 수동적인 그런 기부였다면 요즘은 서로 참여하고 직
접 이렇게 소통하면서 하는 그런 기부들을, 요즘 젊은 친구들

---

5 김난도 외, 『트렌드 코리아 2024』, 미래의 창, 2023

이나 기부하시는 분들이 그것을 선호하는 것 같아요.

_김윤영/시민패널 열트친, 50대, 여.

저도 뭔가 그냥 단순히 돈을 기부하고 싶지 않고, (중략) 그냥
너무 의미 없는 걸 하고 싶지 않고, 어쨌든 똑같이 [하는 게
아니라] 금액이랑 상관없이 의미가 좋은 사례가 되는 거잖아
요. 그래서 그 사례를 만들고 싶다는 생각이 있어서. 그러니까
이것도 비전이나 가치관에 대한 하나의 활동 같은 거예요.

_최한솔/개인기부자, 30대, 남.

효율과 낭만의 시대,
기부 감각을 깨우다

효율이나 낭만이나

분초사회(2024), 체리슈머(2023) 등 매년 발표되는 트렌드 키워드들에는 효율성에 대한 현대인들의 욕구와 실천이 뚜렷하게 담겨 있다. 경기가 좋지 않은 시기일수록 사람들은 돈과 시간 등 자신이 가진 자원을 효율적으로 사용하고 싶어 한다. 돈과 시간의 가치가 중요해질수록, 효율적으로 관리하려는 욕구도 커진다. 더 적은 노력과 비용으로 더 많은 것을 이루는 능력, '가價성비'와 '시時성비' 높은 콘텐츠를 찾아내는 능력을 키우려 한다.

한편 평범한 일상 안에서도 특별한 의미를 찾거나, 진정성 있는 서사에 반응하는 낭만도 중요하다. 우리는 프랑스어 '로망roman'에서 유래한 이 낭만이라는 단어를 흔히 사용한다. 개인의 꿈과 감정에 충실한

태도를 가리키면서 '낭만적'이라는 표현을 사용하는 것인데, 최근 Z 세대 사이에서 이 단어가 새롭게 주목 받고 있다. 이 낭만은 '로맨틱 romantic'과는 좀 다르다. 낭만과 로맨틱은 유사한 어원을 가지고 있지만, '로맨틱'은 주로 사랑과 관련된 좁은 의미로 사용됨에 비해, '낭만'은 현실에 얽매이지 않는 이상적이고 감상적인 태도나 분위기를 포괄하는 더 넓은 의미로 사용되는 경향이 있다. 최근 Z세대는 낭만을 일상적인 순간을 특별하게 만들거나 현실의 어려움 속에서도 긍정을 유

'낭만' 화두의 증가량과 Z세대 사이에서 뜨는 '낭만 트렌드'

지하는 태도를 표현하는 말로 사용한다.[6]

간혹 낭만이라는 단어의 의미를, 긴박한 현실을 인식하지 못하거나 아름답게 미화시키려고 하는 차원으로 여기기도 한다. 그래서 낭만을 사치라고 치부하는 경우도 있다. 현실이 각박하지 않기 때문에 낭만을 꿈꿀 수 있다고 생각하는 것이다. 그렇지만 우리가 주목하는 낭만은 현실이 풍족해서, 또는 현실을 외면해서 가능한 무언가가 아니다. 오히려 상황에 매몰되지 않도록 상황을 객관적으로 보기 위한 심리적 수단이며, 동시에 현실 이면의 긍정적인 면에 의미를 부여하고 성숙한 삶을 살기 위한 전략과 가깝다.[7]

녹록하지 않은 현실 속에서 최선의 것을 선택하고 행복을 느끼고자 하는 바람은 효율과 낭만의 공존으로 이어진다. 그리고 우리의 기부 감각은 효율과 낭만이라는 트렌드에 반응한다. 과학 관점에서 감각은 신체의 기능이며 본능적인 것과 가깝다. 그러나 사회 관점에서 우리의 감각은 정신적인 기능이며 함께 살아가는 사회 속에서 형성된다. 특히 같은 자극이라도 문화와 사회에 따라 다르게 해석되고 경험될 수 있다. 더 선명하게 티가 나는 메시지와 온몸으로 느껴지는 기부를 경험하고 싶다는 욕구는 우리의 기부 감각이 효율과 낭만이라는 사회적 트렌드에 영향을 받고 있음을 보여준다.

---

6 대학내일20대연구소, 『Z세대 트렌드 2025』, 위즈덤하우스, 2024.
7 김자훈, "낭만은 정말 사치인가: 낭만의 패러다임 바꾸기", <The Psychology Times>, 2021. 06. 21.

'선한 일', '공익' 등의 표현은 좀 두루뭉술한 느낌을 받습니다. 뾰족한 주제 의식이 있는 곳에 관심이 더 갑니다. 기부라는 것도 결국 사회, 경제, 문화 트렌드 변화에 조응되어야 한다고 생각합니다. 그런 점에서 어떤 문제의식을 가졌는지, 어떤 테마로 모금하려 하는지 메시지가 분명한 곳에 기부하고 싶습니다. _최한결/시민패널 열트친, 30대, 남.

기부를 온몸으로 함께 공유함에 가치를 느낍니다. (중략) 내가 당사자의 일원이 되어 작지만 공감할 수 있는 실체가 있거나 만날 수 있는 기부[라는] 형태의 가치를 추구합니다.

_이영한/시민패널 열트친, 40대, 남.

효율과 낭만, 기부의 케미

우리는 보통, 들인 노력에 비해 얻은 결과의 비율이 높을 때 '효율성이 높다'고 말한다. 기부가 효율적이기 위해서는 기부의 결과, 즉 나의 기부를 통해 실질적인 변화가 만들어지는지가 중요하다. 피터 싱어Peter Singer가 소개한 효율적 이타주의Effective Altruism라는 개념은 기부자들이 추구하는 효율의 의미를 이해하는 데 유용하다. 효율적 이타주의는 체계적인 접근을 통해 제한된 자원으로 최대의 선을 이루고자 하는 철학이자 실천 운동이다. 여기서 중요한 것은 타인을 돕는다는 감정적 만족에 빠지는 게 아니라, 어떻게 ― 지속 가능한 방법으로 ― 도울 것인가를 고민하면서, 목적 달성을 위해 계획하고 실행하는 것이다. 기부자들도 그렇다. 그저 돕는다는 것에서 만족하지 않고, 나의 기부를 통해 문제가 개선하는 것을 체감하고 싶어 한다.

> 제 주변에는 대다수의 지인이 기부를 하지 않거나 최근에 중단한 경우가 많은 것 같아요. 중단한 지인은 적은 금액으로는 변화를 불러오지 못한다는 생각에 멈췄다고 하더라고요.
>
> _안성훈/시민패널 열트친, 20대, 남.

> [기부를] 중단하는 이유는 기부가 실질적으로 도움이 되지 않거나, 기부가 주는 혜택이 기부를 하지 않을 때보다 효율이 낮기 때문입니다. 일례로 아무리 기부를 많이 한다고 하더라도 세액 공제가 낮게 잡히거나, 아니면 [정부에서 주는 포상에서] 수상 후보로 올리지 않는 경우 중단하는 경우가 있습니다. 기부가 반드시 사람의 마음속 온정과 동정에 따라 이루어지진 않습니다. 체계적이고 합리적인 인식 속에서 진행되는 기부가 있다는 것을 이해하고, 이 같은 기부자를 대상으로 하는 전략 수립도 필요합니다. _노상욱/시민패널 열트친, 20대, 남.

기부를 하는 데 들어가는 시간과 방법도 중요하다. 기부에 대한 정보를 쉽고 빠르게 찾을 수 있고, 방법상으로도 간단한 것을 선호한다. 온라인 플랫폼, QR 코드나 키오스크를 활용하는 기부에 호응하는 이유는 이러한 방식이 직관적이고, 쉽고, 많은 시간을 뺏지 않는다는 느낌을 주기 때문이다. 그런데 아무래도 정보를 찾는 곳이 주로 온라인이다 보니 '눈에 띄는 홍보'를 할 수 있는 규모가 큰 단체들에 시선이 가기도 한다.

플랫폼, 어플, 현금 등 기부를 위해 장시간 시간을 뺏기지 않는 간단한 기부[인지가 중요합니다] _노상욱/시민패널 열트친, 20대, 남.

제가 기부하고 싶은 분야가 생겼을 때, 그 분야와 관련해서 찾기 쉬운 기부 단체에 주로 기부하는 것 같아요. 예를 들면 검색했을 때 가장 상단에 뜬다거나, 사람들의 후기 글이 많다거나, 언론에 보도가 되었다거나, (중략) 이런 기부 단체가 찾기 쉽기도 하고, 많은 사람에게 검증된 단체라는 생각이 들어서 그런 곳들에 기부를 하는 것 같아요! _최준희/시민패널 열트친, 20대, 여.

물론 기부하면서 특별한 이유를 붙이거나 계산하지 않는 기부자들도 많다. 어릴 때부터 시작한 기부를 습관처럼 지속하기도 하고, 기부를 하는 데 거창한 이유를 붙이지 않았으면 좋겠다고 생각하는 기부자도 있다.

일단 기부를 할 때 엄청나게 거창한 이유가 동원되지 않았으면 좋겠습니다. 기부 자체가 일상화되기를 바라기 때문입니다.
_최한결/시민패널 열트친, 30대, 남.

제가 기부를 지속하는 이유는 습관이기 때문입니다. 어렸을 때는 용돈의 일부분을 적게 받는 대신에 기부를 이어왔습니다. 부모님의 도움을 통해서 기부를 해왔습니다. 이것이 습관이 되어 계속 이어져 지금도 기부를 지속하게 되는 것 같습니다. _유현재/시민패널 열트친, 20대, 남.

그래서 기부는 '낭만'과 가까워 보이기도 한다. 어려움을 극복하는 성장의 과정, 불편함이나 귀찮음을 감수하더라도 특별한 경험을 추구하는 상황에서 감각되는 감정이자 상태로 낭만이 나타난다. 경제적으로 여유가 없더라도 마음의 풍요로움을 위해 선택하는 것, 그래서 기부는 더욱 뿌듯하고 행복한 감정을 느끼게 한다. 대단하지 않더라도 내가 나답게, 사람답게 살고 있음을 경험하는 것, 그것이 기부의 낭만이다.

오히려 제가 마음의 여유가 없고 힘들 때 기부를 해야겠다 생각했습니다. 그리고 기부를 함으로써 얻는 마음의 풍요로움이 있기에 지속하게 됩니다. _신유리/시민패널 열트친, 30대, 여.

나와 도움이 필요한 사람이 '기부'라는 방법으로 이어질 수 있는 인연이 생겼다고 생각합니다. '옷깃만 스쳐도 인연'이라는 말이 있듯이 사람 사이의 아무리 사소한 것이라도 소중히 여겨야 된다 하는 데 이처럼 좋은 이유로 이어지는 인연을 만들기란 매우 어려울 것 같아서 저는 이런 인연 자체를 소중히 여길 것 같습니다. 누군가의 삶에 저라는 존재가 영향을 끼쳐

그 사람의 가치관이나 생활을 조금이라도 긍정적으로 변화시
킬 수 있다면, 그것보다 뿌듯하고 행복한 일이 또 있을 수 있
을까? 생각이 듭니다. _송현서/시민패널 열트친, 10대, 여.

우리가 찾는 낭만 코드, N개의 진정성을 더하다

진정성이라는 기부 서사, 콘텐츠에 반응하는 사람들의 모습을 보면,
낭만이 어떤 감정이나 상태를 넘어 문화 코드Cultural code[8]로 떠오르고
있음을 알 수 있다. 낭만이라는 문화 코드가 '진정성'을 느끼고 싶어하
는 기부자들의 모습에서 나타나고 있다. 기부에 의미와 가치를 담아내
는 가장 중요한 요소는 '진정성'이다. 진정성은 자신의 고유한 특성, 가
치관, 감정을 깊이 이해하고 이를 바탕으로 삶을 살아가는 태도를 의
미한다. 기부에 담긴 낭만은 내가 나답게 살아간다는 것을 경험하는
순간에서 비롯된다는 점에서, 진정성은 기부에 담긴 낭만을 읽어내는
코드 키Code key[9]로 이해할 수 있다.

그런데 진정성은 누구에게나 적용되는 유일한 무엇, 혹은 특정한 아
이템이나 방법이 아니다. 누군가는 사업의 내용에서, 누군가는 피드
백에서 진정성을 느끼며, 사람마다 진정성을 느끼게 되는 지점도 다

---

8 문화 코드는 공유하는 문화 안에서의 경험을 통해 만들어지고 받아들여지는 무의식적인 의미로, 우리가 보
통 의식하지 못하는 사이에 우리의 행동에 영향을 미친다. 일레인 볼드윈 외, 『문화코드, 어떻게 읽을 것인가』,
한울, 2014.

9 문화적 맥락에서 코드 키code key는 특정 문화 내에서 공유되는 중요한 개념이나 관행을 이해하는 데 필수적
인 요소를 의미한다. 코드 키는 한 문화의 독자적인 정신적 경향을 나타내며, 이를 통해 사람들은 자신의 정체성
을 인식하게 된다. 클로테르 라파이유, 『컬처 코드(세상의 모든 인간과 비즈니스를 여는 열쇠)』, 리더스북, 2007.

다르다.

> 제가 진정성을 느끼는 부분들은 기부 단체들마다 다릅니다. 재난 재해가 발생했는데 사업 예산이 없음에도 우선적으로 달려가 지원을 하는 모습에서 진정성이 느껴지는 기부 단체도 있고, 매년 연말 기부자에게 보내는 감사 편지 속 단어 하나하나에 담긴 구성원들의 마음에서 진정성을 느끼기도 합니다. 또 다른 단체는 SNS 게시글에 남기는 댓글에서, 기부자에게 보내는 감사 문자에서 한 번 더 진정성을 느끼기도 하고, 매달 뉴스레터 속 인사말에서 진정성을 느끼기도 합니다.
>
> _김강현/시민패널 열트친, 30대, 남.

그렇지만 진정성의 공통된 특성은 진심이 느껴지는 정성과 과정을 보여 주는가에 있다. 최근 많은 비영리 모금 조직이 사업의 임팩트를 측정하고 보여주기 위해 노력하고 있지만, 임팩트를 통해 기부자들이 기대하는 것은 사업의 과정에서 만들어진 변화의 모습이다. 더불어 기부자들은 여전히 '진심 어린' 마음을 전달받고 싶다고 말한다.

> 기부처에서 경험한 좋은 피드백 중 하나는, 기부를 통해 도움을 받은 사람들의 진심 어린 감사 메시지였어요. 예를 들어, 아이들에게 교육 기회를 제공한 기부자들에게는 그들이 성취한 학업 성과와 꿈을 이루는 과정에 대한 이야기를 담은 감사 편지가 도착하기도 했죠. 또 다른 예로, 환경 보호를 위한

기부에 대해서는 기부로 심어진 나무들이 자라나면서 산림이 회복되는 과정을 담은 사진과 스토리가 공유되었어요. 이런 피드백은 기부자들에게 자신의 기여가 실제로 변화를 만들어 내고 있다는 것을 느끼게 해줘서 정말 보람차고 의미 있었어요. _이건우/시민패널 열트친, 20대, 남.

홈페이지를 통한 기부 항목으로는 비지정기부가 가능하지 않아 계좌 입금을 하는 경우도 있거든요. 이런 경우에는 기부금 영수증 발급 요청을 전화나 이메일로 별도로 요청해야 하는데, 그런 요청 메일에 답장도 보내지 않고 기부금 영수증만 발급 처리해 주는 곳도 있는 반면, 기부에 대해 감사한다는 메일을 진정성을 담아 보내주는 곳도 있어요. 그런 작은 부분들이 오히려 기억에 남는 피드백이에요. _김강현/시민패널 열트친, 30대, 남.

진정성이 끊기지 않고 전달되는 것도 중요하다. 기부 형태에 차이를 두지 않고 한번 관계를 맺은 기부자와는 크고 작은 소통을 이어가야 한다. 모금 조직의 입장에서는 소소한 소통으로 과연 진정성을 보여줄 수 있을지를 고민하게 되지만, 기부자들은 소통 채널을 다양하게 열어 두고 기부자의 의견을 적극적으로 수용하려는 태도에서 만족감을 느낀다.[10] 불현듯 찾아오는 감사 인사, 기부자가 꽃을 받은 느낌을 들게 하는 언어 표현, 손으로 쓴 감사 편지 등에서 진정성을 느낀다. 시행착

---

10 "기부자 만족도, 모금기관의 소통방식에 달렸다", <더버터>, 2024. 10. 28
https://www.thebutter.org/news/curationView.html?idxno=795

오와 기부자 피드백까지 공개하여 호응을 얻어내는 사례도 있었다. 진정한 소통은 그리 어려운 것이 아니다.

사실 저는 정기 기부보다 일시 기부로 참여한 단체들이 많은데요. 몇몇 단체는 일시 기부임에도 불구하고, 기부 감사 전화를 해주시더라고요. 단체마다 상황이 다르고, 사정이 있겠지만 그냥 지나칠 수도 있는 부분에 대해 신경 썼던 부분이 기억에 남습니다. 기부에 감사한다는 진정성을 담아 메일을 보내주는 곳도 있어요. 그런 작은 부분들이 오히려 기억에 남는 피드백이에요. _김강현/시민패널 열트친, 30대, 남.

뜬금없는 감사의 이야기가 꽤 감동으로 다가왔다고 들었습니다. 아무 날도 아닌데, 꽃 한 송이를 받았을 때 기분과 같은 게 아닐까 싶은데요. 그저 후원자의 후원으로 인해 아이들의 삶이 변화되고 있음에 대한 꾸준한 감사가 후원자에겐 진심으로 다가갔던 것 같습니다. _김상원/활동가패널 열트메, 40대, 남.

일반적으로 기관에서는 정해진 포맷에 소식을 공유하는 형태로 레터가 전달되는데, 읽다 보면 정성을 들였는지 아니면 뭔가 규격화된 방식으로 작성되었는지 보이더군요. 저의 경우 두 군데 정도가 정말 정성스럽게 레터를 써서 전달해 주는데, 후원금이 아깝지 않은 느낌을 받았어요. 큰 이변이 없다면 계속 후원하게 될 것 같아요. _최현석/활동가패널 열트메, 40대, 남.

:Padlet

비투비(BtoB) + 47 · 2개월

비투비 월간임팩트 구독자 낙서장 ⌄
오른쪽 하단 +를 누르고 아무 글이나 남겨보세요!

Cheer up 2개월

기부금 조금 내고 잊어버리는 건 쉬운 일이지만 한 사람 한 사람의 다른 처지를 고려해서 도와주는 건 정말 어렵고 지치는 일입니다. 그런 일을 해내는 김윤지 대표님, 비투비 직원 모두를 진심으로 응원합니다.

다른 이를 돕는 것도 중요하지만 도와주는 사람의 몸과 마음 챙기는 것도 중요한 것 같습니다. 잠시 멈추기로 한 것이 계속 가기 위한 좋은 결정이라고 믿습니다. 빨리 회복하기를 기도할게요!

♡ 0   ◯ 0
+ 댓글 추가

익명 5개월

항상 응원해요 비투비

매달 비투비 월간임팩트가 오는 날만 기다립니다! 늘 응원합니다 화이팅!!!

♡ 0   ◯ 0
+ 댓글 추가

익명 3개월

비투비 팀원 모두 수고 많았습니다.

오랜 기간 비투비의 활동을 지켜보며 응원한 팬입니다.

문제 해결을 위해 비투비 팀원들이 얼마나 고생했는지 알기에 휴식 소식이 아쉽기도 하면서 이해가 됩니다.

특히 사례 가족을 위해 현장에 나가 가족들을 만나고 필요한 자원을 연결해준 팀원들, 품과 옥토포수 솔루션에 참여한 모든 팀들의 수고가 있었기에 현재의 비투비가 있었던 것 같습니다.

♡ 0   ◯ 0

Jae 3개월

대표님의 프롤로그를 읽고 코끝이 찡해집니다. 대표님의 비투비를 향한 진심이 제 마음에 와 닿았습니다. 가족들에게도 늘 닿아있을겁니다. 건강하세요.

♡ 0   ◯ 0
+ 댓글 추가

Reliable Macaw 4개월

이번달은 유독

더 많은 생각을 하게 합니다. 이미 많은 희생을 하시고 계시지만, 희생만으로 돌아가는 시스템만은 아니었으면 합니다. 많은 고민들을 볼 수 있어서 좋았습니다.

♡ 0   ◯ 0
+ 댓글 추가

Happy Salmon 5개월

책임있는 생각이 의견이 되길...

이제 출발하는 보호출산제는 앞으로 많은 보완이 필요하겠지만 긍정적 변화의 신호탄이라 생각됩니다.

근데 부정적 의견들을 보니, 너무 무책임한 의견만 난무하네요.

가장 중요한 건 이미 생명이 시작되었고, 이들이 긍정적 삶을 영위할 수 있도록 최선을 다하는 것이 우리가 살아가야할 방향이 아닐까요?

앞으로 보호출산제에 보완은 비투비의 활동들이라고 생각합니다. 그래야 외국인 출산도 보호 안에 들어오겠죠?

♡ 0   ◯ 0

Loyal Urchin 3개월

모두 건강하세요

대표님도 비투비팀도 모두!

♡ 0   ◯ 0
+ 댓글 추가

Happy Salmon 4개월

잘 읽었어요

지속 가능한 비영리/임팩트를 위해서는 당연히 직원들의 인건비를 높여야 한다고 생각합니다. 모든 후원비가 현장에만 쓰이길 바라는 건 지속 가능성을 고려하지 않는 것이죠. 솔직히 제가 사회에 기여하지 못하고 있는 일을 비투비 직원 분들이 직접 수행하고 있는 건데, 제 후원비가 현장에 쓰이든 인건비로 쓰이든 어차피 의미는 같다고 생각합니다. 아마 큰 비영리 단체들이 종종 후원금을 개인적인 목적으로 쓰는 비리 기사들이 나와서 그런 질문이 나오는 것 같아요. 화이팅하십시오-!

♡ 0   ◯ 0
+ 댓글 추가

익명 5개월

더 읽었으면

이번달 월간임팩트는 구독자만 보기 정말 아깝네요. 이 문제를 둘러싼 쟁점들, 심각성, 주요 쟁점, 그래서 비투비가 주목하는 것 등을 일목요연하게 스토리텔링한 웹메이드입니다. 얼마나 공을 들이셨을지 느껴져요. 더 많은 분들이 읽을 수 있도록 메이저 매체와 협력이 일어나면 좋겠네요. 덕분에 저도 사회의 사각지대를 다시 돌아보게 됩니다. 감사드립니다. 비투비 파이팅!!!

♡ 1   ◯ 0
+ 댓글 추가

익명 4개월

이번 뉴스레터 멋지네요

인건비에 대한 의문에 답하면서 자연스레 원칙과 철학으로 연결하는 끌어당김이 정말 멋졌습니다. 응원합니다.

♡ 0   ◯ 0
+ 댓글 추가

익명 4개월

이번달 월간임팩트는 비투비의 세세한 노력을 조명해주셔서 감명깊게 읽었습니다. 돈이나 지표로 나타나지 않더라도 꾸준히, 묵묵히 활동하시고 또 효율적이고 효과적인 지원을 위해 고민해주셔서 감사합니다. 매월 이멜 하단에 꼬박꼬박 제 이름도 포함해주셔서 넘 적은 금액이라 부끄럽기도 하지만.. 그래도 함께한다고 생각해주셔서 황송합니다 ㅠㅋㅋ 힘빠지고 분노만 차오르는 뉴스가 가득한 세상에서 매월 희망과 용기가 가득한 소식 나눠주셔서 감사해요!!!!

♡ 0   ◯ 0
+ 댓글 추가

익명 5개월

보호출산제에 관한 담론을 정리해주셔서 비록 겉핥기식으로나마 관련사항들을 생각해볼 수 있었습니다.
미등록아이들 중 외국인아이들이 65%나 된다는 사실에 놀랐습니다. 이미 소외되는 미등록아이들 중에서도 외국인이 이유만으로 그 안에서도 또 무시되고 차별받는 것은 아닌지 그게 가장 마음에 걸리네요. 이래저래 비투비의 할일은 계속 늘어나는 것 같습니다, 더운 여름 화이팅 ^^

♡ 1   ◯ 0

비영리스타트업 비투비의 월간임팩트 구독자 낙서장

비영리 스타트업인 〈비투비〉는 뉴스레터의 구독자들이 쉽게 후기를 남길 수 있는 '낙서장'을 운영한다. 뉴스레터 프롤로그에 담긴 '진심'이 마음에 와 닿았다는 이야기부터 사업의 내용에 대한 질문이나 피드백, 조직에 대한 간단한 응원의 메시지도 있다. 진정성 있게 전달된 메시지에 나 또한 진심을 담아 리액션할 수 있는 채널을 마련하는 것은 모금 조직이 추구하는 비전이나 사업의 규모 등과 상관없이 모두에게 중요하다.

나의 추구미는 기부

: I'm a good person

기부로 티 내는 '좋은 나'

2024년 6월 개봉한 영화 〈인사이드 아웃Inside Out 2〉에서는 주인공인 라일리가 사춘기를 거치며 경험하는 여러 감정들에 대한 이야기를 다루고 있다. 이 영화에서 라일리의 자아 감각sense of self를 구성하는 중요한 요소가 있다. 바로 "I'm a good person(나는 좋은 사람이야)"이라는 긍정적인 문장이다.

기부는 좋은 사람을 지향하는 나의 추구미를 보여주는 방법이다. 추구미는 '추구하는 미美'의 줄임말로, 자신이 추구하는 스타일이나 이미지, 감성 등을 의미한다.[11] 추구미는 개인이 목표로 하는 이상향이나

---

11 "Z세대에게 먹히는 새로운 트렌드 키워드 '추구미'", 〈캐릿〉, 2024. 06. 18.

삶의 방향성을 나타내기 때문에, 단순히 외모만 아니라 사고방식과 가치관까지 확장된 개념이다. 추구미의 핵심은 자신을 이상적 모습에 동화시키는 것이다. 그래서 내가 추구하는 것이 무엇인지를 이해할 수 있을 만큼 자신을 파악하는 것이 중요하다. '부캐'나 컨셉 놀이가 실제 자기의 모습을 감추고 설정한 캐릭터대로 행동하는 것이라면, 추구미는 자신에게 가장 잘 어울리는 것이 무엇인지 결정하고 그에 따라 유연하게 행동하는 것이다.[12]

기부자들은 기부를 통해 내가 '쓸모 있는 사람'이며 '더 나은 사회를 만드는 사람'임을 확인한다. 나아가 내가 원하는 사회가 어떤 모습인지를 그려내며, 그런 사회를 만드는 데 역할을 하고 있다는 뿌듯함을 느낀다.

> 제가 기부를 지속하는 이유는 더 나은 사회를 만드는 데 기여하고 있다는 자부심 때문입니다. 금액의 크기와 상관없이 내가 관심을 가지고 있는 분야에 기부함으로써 관련 사회문제 해결에 조금이나마 기여한다는 사실에 기부를 지속하는 것 같습니다. _정은성/시민패널 열트친, 20대, 여.

> 기부하는 생활에서 오는 가장 큰 울림은 제 자존감 고취입니다. 누군가에게 도움이 되어서 오는 자존감이 아닌 내가 사람

---

12 이노션 인사이트전략본부 외, 『친절한 트렌드 뒷담화 2025』, 친절한 트렌드 뒷담화, 2024.

답게 살고 있다라는 가치 중심적인 자존감이에요.

_서민정/시민패널 열트친, 40대, 여.

『그리스인 조르바』라는 유명한 책에 있는 말인데 "나를 구하는 유일한 길은 남을 구하려고 애쓰는 것이다." 제가 지금 말했던 모든 얘기가 한가지 결을 같이 하고 있지 않습니까? 남을 도와라. (중략) 남을 위해서 뭔가를 생각하고 뭔가 이렇게 행했을 때, 결국 시간이 지나 저한테 더 쌓이고 했던 걸 경험하면서, 기부도 해야 되겠다… 세상에 태어나서 이렇게 좀 쓸모 있는 행동을 하고 죽는 게 의미 있는 삶이 되겠다라는 것까지 연결되다 보니까… _박장원/개인기부자, 40대, 남.

추구미는 '나타내는 것'이다. 그래서 나의 추구미가 무엇인지 공유하

기부트렌드 패널 2기가 함께 뽑은 2025년의 기부트렌드는 '티나는 기부'였다.

는 것이 일반적이다. 기부자들이 티가 나는 기부를 원하는 이유다. 기부트렌드 2기 패널도 2025년도의 기부트렌드로 '티 나는 기부'를 뽑았다. 내가 지향하는 가치와 신념, 주체성을 기부로 드러내고자 하는 기부자들의 모습을 의미하며, 친숙하고 자연스럽게 나의 일상에서 기부가 드러날 수 있도록 하는 콘텐츠에 호응한다는 의미도 담고 있다.

> 저희는 2025년 기부트렌드를 딱 한마디로 티 나는 기부라고 정의해 보았어요. (중략) 이제 단순히 기부가 남을 돕는 행위에 그치지 않고 자신의 가치를 드러내고 좀 주체적으로 자아를 실현하는 방법으로서 티 나는 기부가 2025년에 기부트렌드가 될 수 있다고 생각을 했습니다. (열트친 4조)

기부를 티 나게 '미닝아웃'하는 현상은 앞으로도 지속적으로 늘어날 것으로 예상된다. 미닝아웃meanig out은 특정 상품을 구입하고 공유함으로써 자신의 취향이나 신념 따위를 표출하는 행동을 가리키는 단어로, 여기서 공유란 주로 SNS를 통해 이루어지는 공유를 말한다. 기부는 이제 숨기는 것이 아니라 잘 보여주고 싶은 콘텐츠다.

> 저는 사실 적극적으로 그 기부 영수증과 동시에 배지를 줘야 된다라고 생각하거든요. (중략) 이 세대는 점점 더 광고를 하고 싶고, 고등학교까지 '과잠'을 만드는 세대한테는 오히려 이게 하나의 자랑거리, 액세서리 같은 게 돼야 된다고 생각하거든요. _권현영/개인기부자, 40대, 여.

SNS 이용자들 특성에 맞게 트렌디하고 타인과 공유하고자 하는 심리를 더욱 자극하여 접근한다면 좋은 결과를 낼 수 있을 것이라고 생각합니다. 그런 의미에서 I기관의 캠페인 이벤트(SNS를 통해 아이템을 꾸미고 그것을 사진으로 저장해 공유할 수 있게 한 이벤트)는 수많은 정보 사이에서도 제 눈길을 끌었고, 억지스럽지 않고 자연스럽게 기부에 접근하게 해주었던 좋은 경험으로 남아있습니다. _강수정/시민패널 열트친, 20대, 여.

액티브 시니어, 나를 보여주기 가장 좋은 나이

좋은 사람으로 살아가려는 노력은 나이에 한계를 두지 않는다. 특히 액티브 시니어Active Senior들의 기부는 개인의 삶의 질 향상만 아니라, 돌봄의 순환을 경험하는 지속 가능한 고령 사회 구축에 기여할 것으로 기대된다. 액티브 시니어는 은퇴 이후에도 사회·여가·소비 활동에 활발하며, 능동적으로 움직이는 사람을 뜻한다. 문화를 즐길 줄 알고, 트렌드에 관심이 많으며, 디지털에도 친숙하다. 이미 오래된 영화가 되었지만, 2015년에 개봉한 영화 〈인턴The Intern〉의 주인공 벤(로버트 드니로 역)처럼 경험과 실력, 지혜를 겸비한 시니어!

그렇지만 액티브 시니어 세대는 기부라는 말이 어렵게 느껴지는 시대를 살아왔다. 나누는 삶이 중요하다고 생각하지만, 특정한 비영리 모금 조직에 기부를 하는 것보다 자신과 가족의 삶을 지키고, 이웃과 마을을 통해 서로를 돕는 방식에 더 익숙하다. 기부라는 말이 무겁게 느껴지고, 마음이 있어도 어떻게 접근을 해야 하는지 그 방법을 찾는 것도 어렵게 느껴진다.

> 기부 정신을 가진 사람이 별로 없는 것 같아요. 관심도 없고 자기 살기에 급급하니까 어디에다 기부를 얼마 한다, 뭐 이런 소리는 들어본 적이 없어요. 그냥 기부야 전 국민이 십시일반으로 조금씩 해서 동참해 주는 건 참 좋은 일인데, 아니 그런데 우리나라, 이렇게 선전이 안돼 있는 것 같아요.
>
> _강은자/개인기부자, 80대, 여.

> 저는 그 기부라는 말을 별로 안 좋아해요. 왜냐하면 사람들한테 엄청 부담감을 주는 단어라고 생각을 하거든요.
>
> _임진영/개인기부자, 60대, 여.

> 우리가 개인적으로 하는데 접근이 일단 어려우니까요. 그리고 어떻게 접근해야 되는지조차 모르잖아요. 똑같아요. 응원을 하고 싶은데 어떻게 이걸 하는지 모르니까…. 기부 문화도 그런 것 같아요. 그러니까 잘 몰라서 못하는 경우가 많은 것 같아요. _양미경/개인기부자, 60대, 여.

그런데 은퇴 이후의 삶은 기부를 새롭게 경험할 기회를 준다. 특히 지역 사회 복지 시설을 이용하면서 새로운 사람들을 만나는 과정, 그곳에서 나눔의 필요성을 깨닫는 경험을 한다. 바쁘게 살아가던 때에는 미처 알지 못했지만, 몸이 불편하거나 경제적 상황이 좋지 않아도, 함께 나누며 살아가는 사람들을 만나는 과정에서 서로에게 건강한 자극을 주게 되는 것이다.

복지사가 상당히, 아주 친절하신 분이더라고요. 그래서 그분들에게 일을 많이 좀 제가 도와드렸어요. (중략) 그렇게 생활을 하다 보니까 우리 복지관에서 이제 매년 행사 때마다 이 모금 운동 같은 것도 하고, 나눔 운동 같은 것도 하고 막 이러거든요. (중략) 기부는 그렇게 크게 하지는 않지만, 그래도 행사 때마다 조금씩 하는 편이지만, 그때 기부하시는 분들이 이렇게 오시는 거 보면은, 가만히 보면은, 그 사람이 옷을 잘 입고 뭐 돈이 많고 뭐 이런 사람들보다도 아주 좀 허술하게 뵈면서도 재정적으로 조금 어려운 분들도 와서 단 몇 푼씩이라도 이렇게 하시는 거 보면은, 야 이게 제 자신이 좀 부끄럽더라고요. 그래서 그분들한테, 아이고 고맙습니다, 감사합니다, 손 한 번 내가 또 만져 주고. _오태호/개인기부자, 80대, 남.

내가 이때까지 생활해 오면서 이 복지관이 있는 걸 몰랐었어요. 근데 여기 와 보니까 살아온 게 너무 감사하다, 너무 편안하게 잘 살아왔다, 참 감사하다, 고맙다, 이런 생각이 들고…. 지금 여기 나오면은 어르신들을 이렇게 마주 대할 때 어려우신 분들 굉장히 많거든요. 몸도 불편하시고 제가 볼 때 저런 분들도 여기 이렇게 오셔서 정말 삶을 제대로 누리려고 애쓰시는구나 이래서 조금 더 봉사를 많이 해야 되겠다, 많이 해야 되겠다. 여기 우리 행복위원회라고 있어요. 각 분야에서 어떻게 하면 이 어르신들에게 좀 더 나은 생활, 좀 더 나은 품위 유지, 조금 더 즐거움, 이런 거를 [드릴 수 있나에 대해] 한 달에 두 번씩 회의합니다. 그래서 그 회의에 들어가 있으면서 복지관이 어렵다는 걸 알았어요. 그래서 열심히 도와야 되겠다, 내가 조금 절약하고 시간 나는 대로 돕고 금전적으로도 조금 도와야 되겠다는 생각을 많이 하게 됐어요. 그래서 애들한테도 조금 절약하고 복지관 같은 데 봉사해라, 이렇게 얘기하죠. 그래서 건강이 지탱되는 한 봉사를 하려고 합니다.

_김영숙/개인기부자, 80대, 여.

팬덤 기부도 액티브 시니어들이 기부를 경험하게 되는 중요한 계기가 되고 있다. 팬덤을 통해 기부하는 방법을 알게 되고, 또 팬으로서 함께 기부하는 즐거움을 공유한다. 이러한 경험이 반복되어 쌓이며 개인적인 기부로도 확장된다.

L기관 [안내문이] 회사나 집으로 오는 거 외에는 이제 저 같은 경우는…, 제 고향이 강릉이거든요. 그래서 강원도 산불이 났을때 우리 친구들끼리 기부하자 이런 거 외에는, 사실 이렇게 지속적이고 어떤 정기로 맞춰서 하는 경우는 OO님을 만나고부터, 그러고부터 시작했죠. _양미경/개인기부자, 60대, 여.

그러니까 기부하는 거는 그냥 정말 기분 좋게 다 받아들이세요. 거부 반응 전혀 없고. 그리고 원래 우리 방이 아니신 분들도 뭔가 좋은 일 있을 때 같이 동참하고 싶다, 그러신 분들도 많아요._정미주/개인기부자, 60대, 여.

대부분의 사람들도 "어 연락하지~ 나도 하고 싶었는데" 이러고. "그럼 다음에 할 때 꼭 알려줘" 하고 전화번호를 주시는 분들이 있거든요. 몰라서 못하는 거예요 그러니까. (중략) 내가 A기관[기부금 전달식]에 저번에 한 번 갈 때, 우리 운영진 외에 어르신들을 3~4 분을 모시고 갔어요. 그랬더니 그분들이 이제 그 과정을 거치고 한 분은 눈물이, 뿌듯했다는 얘기가 있고, 너무 좋았다고. 그래서 앞으로는 더 많이들 모시고 가야 되겠다는 생각이 들 정도로. 아, 그리고 적극적으로 그분들이 또 도와줘요. 한 번 갔다 오면, 이렇게 좋은 일을… 그 세 분은 뿌듯함을 느끼는 거예요. 너무 좋더라는 거예요. 그래서 다음부터는 좀 더 많은 분을 모시고 가야 되겠다, 이런 생각이 들더라니까요. _양미경/개인기부자, 60대, 여.

안정적인 경제력을 가진 노년층 인구가 늘어나고, 자원봉사나 멘토링 등을 통해 사회에 기여하는 이들의 활동도 늘어나면서, 유산 기부에 대한 사회적 관심도 높아지고 있다. 그런데 기부를 하는 데 중요한 것은 자산이 아니다. 나누고자 하는 의지, 그리고 나누며 사는 삶으로 나를 행복하게 만드는 그런 기부 감각이 살아있는지가 중요하다.

돈이 많다고 기부하는 건 아니더라고요. 돈이 없어도 기부하세요. 그러니까 어떤 분은 여기서 식사하는데 4천 원짜리 식권을 사서 식사하시거든요. 어떤 분은 오늘은 점심 굶고 여기다 천 원 더 보태서 5천 원 기부해야지 하는, 그런 분을 제가 봤거든요. (중략) 그러신 분들이 기부를 하는데 그래가지고 지난번에 1천만 원 넘게 모금이 됐었어요. 그 어르신들이 그냥 이렇게 솔선수범하세요. _김영숙/개인기부자, 80대, 여.

내가 잘했다 이런 게 아니라, 그냥 그 사람을 보면서 나도 행복하잖아요. 내가 큰 재산이 있는 것도 아니고, 내가 뭔가 조금만 하면 상대방이 행복하고 그러면 나는 더 행복하니까, 사람이 살면서 내가 이만큼 살아왔으니까, 할 수 있으면 뭐라도 작은 걸 하는 게 맞다고 생각하는 사람이라서… 앞으로 내 몸이 내 건강이 허락하는 한 뭔가 좀 하고 싶어요.

_임진영/개인기부자, 60대, 여.

2

기부자, 물성에 끌리다

#물성

#물성매력

#온몸느낌기부

#기부런열풍은계속

#손에닿는굿즈

#물품기부

#임직원자원봉사

기부가 손에 잡히듯 생생하게 느껴지는 경험, 『기부트렌드 2025』는 기부자들이 끌리는 물성에 주목한다.

물성materiality, 物性은 돌의 무게, 물의 온도처럼 물질이 가지고 있는 고유한 성질이자 감각적인 특성을 말한다. 최근 소비 트렌드는 본래 실체가 없는 경험에 마치 손에 잡히는 것과 같은, 감각적인 느낌을 부여하는 것에 주목하고 있다. 『트렌드 코리아 2025』에서는 특정 대상에 경험 가능한 물성을 부여함으로써 매력도를 높여주는 힘을 일컬어 '물성 매력'이라는 이름을 붙였다. 물성 매력은 물성을 기반으로 하지만 그것을 넘어서 소비자의 감성과 경험을 중요시하는 새로운 개념이다. 물질의 특성이 주는 감각적이고 주관적인 매력을 사람들의 경험에 새기는 것이다.

오감으로 감각할 수 있는 참여형 기부에 대한 호응은 더 높아질 것이다. 기부를 경험하는 시간과 공간을 만들어 내는 기부런이나 팝업 스토어, 직관적인 키오스크는 계속해서 기부자들의 시선을 이끌 것으로 보인다. 이미 여러 해 동안 열기가 이어지며 트렌드로 자리잡은 굿 굿즈Good Goods는 기부자들이 이미 물성 매력에 끌리고 있음을 보여준다. 물품 기부도 성장세가 뚜렷하다. 특히 기후 위기 시대에 자원의 선순환에 대한 관심과 맞물려 중고 물품을 기부받아 판매하고, 그 수익금을 사회에 환원하는 비영리 모금 조직들에 대한 관심이 높아지고 있다. 함께 몸으로 움직여 사회적 가치를 실현하는 자원봉사는 개인 기부자만 아니라, 기업의 사회 공헌에서도 다시 주목할 트렌드다.

감각하는, 기부 콘텐츠

기부자가 반응하는 콘텐츠

우리 모두에게는 기부 감각이 있다. 그 감각이 깨어나는 순간, 기부는 연속적인 경험이 된다. 최근 기부자들은 그야말로 오감으로 감각할 수 있는 참여형 기부에 크게 호응하고 있다. 단순히 매달 자동으로 기부금이 이체되는 방식에서는 느낄 수 없는 '온몸으로 기부를 하고 있다는 사실'을 느끼게 하는 방식에 반응하는 것이다.

행사, 플로깅 행사, 팝업 행사 등을 정기·단기 기부자들이 참여할 수 있도록 하면 좋을 것 같아요. 그러면 단순히 계좌에서 돈이 빠져나가는 것으로 본인의 기부를 확인하는 것이 아니라, 실제로 온몸으로 기부를 하고 있다는 사실을 더 잘 느

낄 수 있을 것 같고, 기부가 지속되도록 도울 수 있을 것 같아
요. _최준희/시민패널 열트친, 20대, 여.

기부런 및 기부 단체 주도로 기부자들이 직접 참여할 수 있
는 분기별 일일 봉사나 참여형 봉사 데이가 있으면 좋을 것
같습니다. 단순히 '돈을 내서 기부를 한다'에서 끝나는 것이
아니라, 직접 기부의 의미를 몸으로 실천하면서 느껴볼 수 있
는 기회를 마련하고, 기부를 하는 타인들을 실제로 면대면으

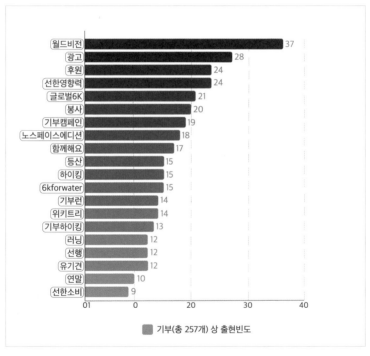

인스타그램 인기 게시물 분석 결과 #기부와 동시 출현한 해시태그 순위

로 만나볼 수 있는 행사에 참여하는 것도 의미가 클 것 같습니다. _박세빈/시민패널 열트친, 20대, 여.

기부를 경험하는 시간과 공간을 만드는 기부런이나 팝업 스토어, 직관적인 키오스크 기부 방법에 대한 관심도 여전히 높다. 올해 연구에 함께한 시민패널 열트친을 대상으로 진행한 설문 조사에서도 앞으로 가장 해보고 싶은 기부로 '참여형 기부(마라톤, 걸음 기부 등)'가 1순위에 꼽혔다. 체험형 팝업 스토어와 키오스크를 통해 기부해 본 기부자는 아직 적었지만, 그런 방식이 가장 관심이 가고 트렌디하게 느껴지는 기부로 생각되고 있다.

사랑의열매는 체험 중심 팝업 스튜디오를 열었다.
(사진 제공 = 사랑의열매)

마라톤과 같이 사회적 행사와 결부를 짓는 캠페인이 인상적이라고 생각합니다. _윤서준/시민패널 열트친, 30대, 남.

가장 관심 있게 찾아본 건, 이색 체험형 팝업 스토어를 통한 굿즈 판매 수익을 지역 청년 예술가를 위해 기부한 사례입니다. 아무래도 기부도 트렌드적 요소를 가미하게 되면, 참여를 더욱 이끌어낼 수 있다고 생각했는데요. 팝업 스토어는 청년층이 많은 관심을 갖는 문화입니다. 이러한 내용을 활용하면 좋을 것 같습니다. _안성훈/시민패널 열트친, 20대, 남.

저는 좀 인상 깊었던 게 1층 라운지에 카드로 기부하는 기기(키오스크)가 있더라고요. 그게 관심이 많이 갔고, 일단 저는 직관적인 게 좋더라고요. 왜냐면 이걸 찾고 뭐 하는 과정 안에서, 이게 시간이 길어지면 희석될 수밖에 없고…, [키오스크는] 직관적으로 기계가 있고 호기심이 있고 바로 할 수 있잖아요. (중략) 일단은 직관적이어야 된다. 눈에 띄고 뭔가 쉽게 할 수 있어야 된다, 이런 생각을 좀 많이 했던 것 같아요.

_최희진/개인기부자, 40대, 여.

기부 키오스크는 지난 『기부트렌드 2024』에서도 다루어졌다. 쉽고 편하게 기부하기를 원하는 기부자들은 키오스크로 기부하는 것에 관심이 있다. 그러나 키오스크를 제작하고 보급하는 데 필요한 프로그램 개발과 기기 마련의 어려움을 말하는 현장의 목소리가 있었다. 현장의

(N=16, 중복응답)			(N=16, 중복응답)	
참여해본 기부방식			해보고싶은 기부방식	
계좌이체	68.8%		참여형기부	68.8%
정기후원	62.5%		정기후원	50%
포인트기부	56.3%		착한소비	50%
착한소비	50%		크라우드펀딩	43.8%

자료 : 나눔문화연구소, 기부트렌드2025 열트친 기부 현황 조사
기간 : 2024.7.1~2024.7.5

기부트렌드 시민패널 열트친 2기가 응답한 지금까지 참여해 본, 앞으로 참여해 보고 싶은 기부

상황이 크게 변하지는 않았지만, '이동형'에 초점을 맞추어 시민들에게 더 가까이 다가가려는 노력이 눈에 띈다.

서울 사랑의열매는 2024년 9월, 가수 아이유의 데뷔일을 기념하며 기부 키오스크를 카페 두 곳에 설치해 팬들이 나눔에 동참할 수 있는 캠페인을 진행했다. 이 이동형 기부 키오스크는 부착된 단말기에 카드를 태그해 기부하는 방식으로 운영된다. 실상 새로운 방식의 키오스크는 아니지만 가벼운 소재로 제작해 이동과 설치가 비교적 쉽고, 기관의 캐릭터를 활용해 심리적으로 접근하기 편리하다는 반응을 얻었다. 그리고 기부 금액을 사전에 지정할 수 있어, 팬들이 기념하고 싶은 금액으로 지정해 팬들이 아티스트를 축하하면서 기부도 할 수 있는 기회가 됐다.[13]

---

13 "아이유 데뷔 16주년 기념 팬클럽 '유애나', 서울 사랑의열매 기부 키오스크로 나눔캠페인 펼쳐", <시사타임즈>, 2024. 09. 19.

어린이들이 서초구청에 설치된 기부 키오스크를 체험하고 있다. (사진 제공 = 서울 사랑의열매)[14]

가수 아이유의 팬클럽이 기부 키오스크를 통해 데뷔 기념 나눔 캠페인을 진행했다.
(사진 제공 = 서울 사랑의열매)

---

14 "서초복지행복페스티벌, 기부 키오스크 통해 기부하는 어린이들", <뉴시스>, 2024. 09. 06.

앞으로 디지털 기술을 매개로 연결성을 강화하고 기부 효능감을 높이는 새로운 플랫폼이 중요해질 것으로 전망된다. 디지털 기기의 발전은 사람들의 감각을 더 섬세하게 만든다. 감각의 인터넷Internet of Senses이 확장될수록 디지털 경험은 시각과 청각을 넘어 촉각, 미각, 후각까지 확장될 수 있을 것으로 예견된다.[15] 최근 온라인 쇼핑의 성장과 함께 전자 기술에 의해 새로운 형태의 감각 자본 시대가 열리고 있다. 메타버스 시대가 본격화되면 가상 현실과 증강 현실 기술을 통해 새로운 감각적 마케팅과 거래가 일어날 것이다.[16]

> 원스톱 기부 플랫폼이 생긴다면 좋을 것 같다는 생각이 듭니다. 저는 디지털에 친숙한 세대라 어렸을 때부터 해피빈을 통한 기부로 본격적인 기부에 첫 발을 내딛기도 했고, (중략) 특히 요즘에는 배달의민족, W컨셉, 여기어때 등 동일 분야의 다양한 업체를 모아 편집샵 형태로 운영하는 플랫폼이 참 많고 특히 우리나라의 경우 활성화 돼 있습니다. (중략) 이처럼 기부 또한 한눈에 비교하고 쉽고 빠르게 선택할 수 있도록 한다면, 기부 문화의 형성에도 크나큰 도움을 줄 수 있을 것이라고 생각합니다. _강수정/시민패널 열트친, 20대, 여.

15 <10 Hot Consumer Trends 2030>, 에릭슨 보고서, 2020.
16 김은성, 『감각과 사물: 한국 사회를 읽는 새로운 코드』, 갈무리, 2022.

기부런 열풍은 계속된다

몸으로 직접 느끼는 것에 대한 열풍은 이제 유행을 넘어 트렌드가 되었다. 건강을 위한 러닝은 그 목적을 넘어 진화를 거듭하고 있다. 특히 '러닝'과 관련한 연관어 중 눈에 띄게 빈도가 상승하는 단어가 '마라톤'이다. 마라톤은 주최측 브랜드 홍보에도 이로울 뿐만 아니라, 참가하는 개인에겐 훌륭한 성취감을 준다. 그 자체가 지역의 축제가 되어 지역 브랜딩에 기여하기도 한다.[17] 최근 2년의 인스타그램 인기 게시물 속에서 '#기부'와 함께 가장 자주 등장한 해시태그도 '#기부런', '#기부하이킹'이었다. 기부 마라톤은 일부 비영리 모금 조직에게는 이미 중요한 연례 이벤트로 자리잡았다. 기존 기부자들과 유대감을 높이는 방법이면서, 잠재 기부자들을 직접 만날 수 있는 좋은 기회를 만들어 주기 때문이다.

> 최근에 가장 인상 깊었던 캠페인은 '기부 마라톤'입니다. C기관, B기관 등등 많은 기부 단체에서 기부 마라톤을 최근에 많이 하고 있는 것 같아요. 기부 단체 이외에도 다양한 단체에서 기부 마라톤을 하더라구요. 일례로 대전에서 진행한 빵빵런이라는 기부 마라톤 후기를 블로그에서 봤는데 되게 인상 깊었어요. 마라톤에 참여하면 빵을 소외 계층에게 기부하는 식이더라구요. 저는 아직 정기 기부 금액을 올리기는 쉽지 않은 상황이라서, 올해 안에는 기부 마라톤을 한 번 해보고 싶

---

17 최인수 외, 『2025 트렌드모니터』, 시크릿하우스, 2024.

어요. _최준희/시민패널 열트친, 20대, 여.

최근 들어, 단순하게 캠페인을 통해서만 모금을 진행하는 대신 조깅, 마라톤, 라이딩, 플로깅 등 건강한 취미 생활을 동반하며, 기부까지 함께할 수 있는 캠페인들이 많이 생겨나고 있는 듯합니다. 단순 기부에서 나에게도 이득이 되는 기부 활동에 대한 관심이 그만큼 커져가고 있는 듯하는데, 서울자폐인사랑협회에서 주최하는 '오티즘레이스'라는 행사가 눈에 띄더라고요. 이미 여러 해 동안 진행한 듯한 캠페인인데, 얼마 전 광복절을 맞이해 선이 진행한 기부 마라톤도 생각이 나 공유해 봅니다. _황명호/활동가패널 열트메, 30대, 남.

카카오뱅크와 유니세프 한국위원회의 친환경 기부마라톤 <Save Race 2024>

참가자 1인당 1개의 빵이 기부된
<2024 빵빵런> [18]

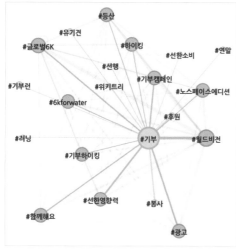

인스타그램 인기 게시물 분석결과
#기부와 연결되어 나타난 해시태그

18 인스타그램 @bbangbbangrun.

기부 마라톤은 비영리 모금 조직과 셀럽, 기업, 지역 사회가 함께하면서 직접 참여하지 않은 시민들에게도 기부의 문턱을 낮추어 주고 있다. 해를 거듭해 이어져 온 기부 마라톤은 이제 잠재 기부자들의 마음에도 와 닿는 인상적인 사례가 되고 있으며, 기부가 무겁고 진지한 것만이 아니라는 메시지를 준다.

최근에 션이 8.15를 기념하면서 마라톤 했던 거 있잖아요. 그게 (중략) 기사나 SNS에 많이 돌아다니면서 좀 관심이 가더라고요. 눈길이 갔던 이유는 이미 그 션이 루게릭 환자 요양 병원 설치하는 거에 대해서 되게 장시간 오랫동안 기부하고 그걸 이뤄냈잖아요. 그런 사람이 또 이런 의미 있는 행사에 동참하고, 또 어떤 결과를 통해 계속 꾸준히 하는 걸 보면서, 사실 어떤 기관이 보여주는 기부보다 더 강한 이미지가 많이 남았던 것 같아요. 그러니까 다른 사람의 지속적인 기부와, 그리고 그 사람을 통해서 '어, 나도 할 수 있겠다. 나도 동참할 수 있겠네. 나도 이런 걸로 해볼 수 있겠네.'라는 그런 문턱이 좀 낮아진 느낌? 그리고 약간 '할 수 있어 해보자', 이런 생각이 더 많이 들었던 것 같아요. _최희진/개인기부자, 40대, 여.

제가 (기부 마라톤) 행사 운영 요원으로 참석했었는데, 다른 마라톤과는 다르게 참여 대상 또한 어린이가 가족과 함께 참여할 수 있는 기부 마라톤으로 진행돼 아이들이 매우 즐겁고 뿌듯해하는 모습을 볼 수 있어서 가족간의 기부문화 형성에도 큰 도움을 준 듯했습니다. 마라톤 방식 또한 5킬로 가량의 단거리에 일정 거리마다 미션도 만들어놔서 주제 의식을 직간접적으로 느낄 수 있게끔 하여 기부가 무겁고 진지한 것만이 아니라는 메시지를 가져갈 수 있게 해주었습니다.

_강수정/시민패널 열트친, 20대, 여.

기부런은 몸으로 직접 뛰면서 성취감을 느끼게 하는 감각적 경험이다. 또한 함께 모인 자리에서 같은 목표를 가지고 연대하는 사람들의 모습을, 지지하고 응원하는 사람들의 모습을 확인할 수 있기 때문에, 기부런은 나와 연결되어 있는 존재를 인식하게도 해 준다. 이렇듯 손으로 잡을 수 없지만 생생하게 느껴지는 기부는 기부 감각을 깨우고, 이 감각들이 진짜 나의 기부 경험들로 쌓인다.

기부가 가진 물성 매력

손에 닿는 굿즈에 끌리다

굿즈는 이제 한국의 정기 기부에 빼놓을 수 없는 요소로 정착한 듯하다. 기부 굿즈는 진화를 거듭하고 있다. 귀여운 것을 선호하는 MZ 세대의 취향에 맞춘 동물 모양 키링, 고급 주얼리를 연상시키는 브랜드 반지, 영리 기업과 콜라보한 높은 단가의 상품까지 다양한 굿즈 전국시대를 맞았다.

> 사실 이렇게 반짝 뜨는 게 트렌드가 아니라, 어느 정도 정착되는 게 트렌드잖아요. 진짜 트렌드가 된 것 같아요. 그러니까 굿즈 상품은 기부트렌드로 이미 딱 안착된 것 같다는 생각이 들어요. _홍성철/모금활동가, 40대, 남.

굿즈는 기부의 경험을 손에 잡히도록 만들어 준다는 점에서 그 인기가 계속 높아질 것으로 보인다. 기부자들은 이미 물성 매력에 끌리고 있다. 특히 굿즈는 기부의 경험과 그 경험의 내용을 기억하게 하는 각인 효과를 극대화한다.

> 이제 후원자들이 증표를 원하는 것 같아요. 그게 대표적으로 이제 굿즈이지 않을까요? (중략) 후원자들이 과거에는 그냥 한 십몇 년 전에는 단순히 긍휼의 마음으로 후원에 참여했다면, 지금은 '그런 마음으로 내가 하지만, 그거를 너희들이 나를 대신해서 잘 알려줘' 증표로. _조상준/모금활동가, 40대, 남.

> 좋은 의미와 함께 기부의 의미를 되새기기 쉬운 액세서리 및 문구류 등 너무 부담되지 않는 선에서 가성비를 챙기면서 퀄리티 좋은 굿즈를 제작하면 기부 욕구도 조금 더 높일 수 있지 않을까 싶었습니다. 기부를 하는데 굿즈도 너무 이쁘다! 굿즈도 자주 착용해야지! 이런 식의 사고도 가능할 것 같아요.
> _박세빈/시민패널 열트친, 20대, 여.

> 지금도 C기관 반지를 볼 때마다 기부했던 기억이 떠오릅니다.
> _김윤영/시민패널 열트친, 50대, 여.

기부트렌드 연구에서 굿 굿즈Good Goods에 주목한 것은 2019년부터이니, 비영리 굿즈 또는 기부 굿즈, 굿 굿즈라고 일컬어지는 트렌드는 벌써 5년이 훌쩍 넘었다. 2019년, 밀레니얼 세대의 '나를 드러내는 착한 소비' 트렌드가 굿 굿즈 열풍으로 이어질 것이라 진단한 바 있다. 그 이후 굿즈는 계속해서 진화해 왔는데, 처음엔 마리몬드 제품처럼 '착한 상품'이나 비영리 조직이 기부자들에게 감사의 마음으로 제공하는 작은 답례품(리워드)를 일컬었다.[19] 한국에서 굿즈 열풍의 선두 주자는 2017~2018년도의 유니세프 호프링hope ring이었고, #everychild 반지가 그 뒤를 이었다. 비영리에서 굿즈를 활용한 초창기, 굿즈는 소수의 청년층들에게만 소구되는 아이템이었으나, 이제 시민들도 비영리 조직들도 굿즈의 가치와 효용을 모두 인정하는 상황이다. 굿즈가 기부의 의미와 기억을 새길 수 있는 좋은 수단이 된다는 점에서도, 그리고 기부에 관심이 없는 사람들에게 기부 참여의 문턱을 낮춰준다는 점에서도 긍정적인 평가를 받고 있는 것이다.[20] 기부에 대한 감사의 마음을 굿즈로 전달하면서, 기부의 의미를 오랫동안 간직하도록 하기 위해 시작한 굿즈. 굿즈는 기부자의 기부 감각을 깨어나게 하고, 기부자와 기관과 수혜자를 연결하면서 '기부를 감각하게 하는' 일등 공신이라고 할 수 있다.

그러나 한편 모금 조직들에게는 의미 있는 굿즈를 효율적으로 마련하는 것이 쉽지 않고, 때로는 부담이 되는 것도 사실이다. 특히 고가의 답례품을 제공하는 캠페인이 등장하면서, 답례품을 위해 기부하는 사람들이 늘어나니, 이것이 과연 바른 방향으로 가고 있는가에 대한 고

---

19 박미희 외, <2019 기부 및 사회이슈 트렌드 분석>, 사회복지공동모금회, 2019.
20 박미희 외, 『기부트렌드 2024』, 이노소미아, 2024.

민도 생겨난다.

> 사실 기부라는 거는 어쨌든 대상이 조금 넓은 건데, 당연히 뭔가 굿즈를 만들고, 뭔가 좀 귀엽게 하려고 하고, 그런 시도 자체는 정말 좋다 생각하는데…, 부모님 세대나, 그분들이 봤을 때는 조금 폭이 좁은 기부 활동이 될 수도 있겠다. 그렇게 너무 굿즈만 남발하는, 약간 그런 면은…
>
> _최준희/시민패널 열트친, 20대, 여.

> 저희한테 물어보거든요. "K기관은 뭐 주세요?" 이렇게 말하고 후원을 결정하신 분들 가끔 있으세요. 그게 의외로, 그런 분들이 있다 보니까, "B기관은 이거 준다고 했는데 여기는 뭐 없네요". 이래버리면… _황명호/활동가패널 열트메, 30대, 남.

굿즈에 진정한 의미를 담아 그 물성의 매력으로 기부자들의 마음을 끄는 점은 분명히 있다. 그렇지만 기부에 대한 감사의 마음을 전달하고, 기부의 의미를 오랫동안 간직하도록 하기 위해 시작한 굿즈가 오히려 기부를 '교환'이나 '구매', 혹은 '경제적 이득'의 차원으로 왜곡하고 있는 것은 아닌지, 그러한 왜곡을 비영리 스스로 자초하는 것은 아닌지, 기부자들도 기부에 대한 대가를 당연시하는 것은 아닌지 성찰이 필요하다.

물품 기부로 느끼는 물성 매력
· · · · · · · · · · · ·

손에 닿는 기부를 경험하고자 하는 기부자들은 물품 기부에도 관심을 보인다. 특히 중고 물품을 기부 받아 판매하고, 그 수익금을 사회에 환원하는 비영리 조직들에 대한 관심이 높아지고 있다. 자원 재순환에 더 크게 가치가 부여되는 현상은 비단 기후 위기와 환경에 대한 관심 때문만은 아니다. 물가상승으로 가정 경제가 어려워진 상황 속에서 기업의 기부 물품을 저렴하게 구입하는 동시에 공익에 기여할 수 있기 때문이다.[21]

아름다운가게는 물품 기부와 함께 가장 먼저 떠오르는 모금 조직으로 자리매김하면서, 기업의 현물 기부와 임직원 자원봉사를 프로그램화 하여 기업 협업에 긍정적인 반응을 얻고 있다. 지난 2020년부터 진행하고 있는 자원 순환 캠페인 〈러브포플래닛〉도 대표적인 사례. 오래된 플라스틱 밀폐 용기를 수거해 생활용품, 공공 시설물 등으로 재탄생시키는 캠페인으로 지난 2024년 6월에는 서울·경인 지역의 46개 아름다운가게 매장에서, 1900명 이상이 참가하는 규모의 활동으로 자리잡았다.[22]

락앤락 〈러브포플래닛Love for Planet〉은 주로 학교, 기업, 아름

---

21 "새 바지가 5500원, 고물가에 '기증품 판매점' 뜬다", 〈주간동아〉, 2024. 6. 12.
22 "[유통가레이더] '자원순환에서 기부까지' 락앤락, 아름다운가게와 아름다운 동행 '주목' 등", 〈녹색경제신문〉, 2024. 7. 23.

다운가게 매장에서 기부를 받고 있고, 참여해 주신 분들에게
는 제품을 제공해서, 개인은 플라스틱 용기를 정리하면서 새로
운 제품을 받을 수 있다는 점이 좋은 것 같습니다. 현금이나
재고를 기부하는 것이 아닌, 버려지는 물품을 기부받아 자원
순환한다는 점이 인상 깊었습니다. _이수원/활동가패널 열트메, 30대, 여.

아름다운가게에서는 '물품 나눔'에 대한 사업을 진행한다고 생
각했는데, 지원사업 작성을 위해 홈페이지를 보던 중 사회적
기업부터 시작하여, 다양한 복지, 나눔, 교육 사업을 운영하고
있었습니다. 물품 나눔에 대한 첫 번째 이미지가 떠오르는 기

락앤락의 러브포플래닛

굿윌스토어

업이고, 더 많은 다양한 복지 사업도 진행하는 것을 보니 더욱 더 신뢰와 믿음이 생겼습니다. _오상원/활동가패널 열트메, 30대, 남.

물품 기부를 통해 기업과 손을 잡게 되는 형태도 다양해지고 있다. ESG 경영이 주된 화두가 되면서 기업의 물품 기부와 'E(environment: 환경)'를 접목하는 것이 자연스러워졌기 때문이다. 버려지는 물건을 재사용함으로써 환경에 미치는 부정적 영향을 줄이고, 지속 가능한 지구를 만드는 데 기여한다는 점이 물품 기부의 의미로 부각되고 있다. 물품 기부를 주로 받는 G기관의 경우, 물품 기부의 규모와 상관없이 임직원 자원봉사를 연계하기도 한다. 임직원 자원봉사가 사회공헌팀의 주된 과업임을 고려하면, 이는 기업에게 매우 매력적인 기회로 여겨진다.

저희는 단위도 많이 낮추고 진입 장벽을 좀 많이 낮춰서 진행
하려고 하다 보니까 모금이 작년 대비해서 성장이 잘 되고 있
지 않을까라는 생각이 들어요. 이제 환경적인 부분을 강조하
다 보니까, 거기에 임직원 봉사활동 같이 붙일 수 있다니까…
그런 ESG 요소를 찾으실 때 저희가 조금 강점으로 내세울 만
한 것들이 있었던 것 같아요. 그리고 사회적으로 이런 인식 자
체가 말씀하신 것처럼, 이제 '적선'보다는 같이 뭔가를, '우리가
이 환경을 바꿔나가야 된다'라는 것들 때문에, 그런 게 저희한
테는 긍정적인 요소가 되지 않았을까라는 생각이 드네요.

_이수원/활동가패널 열트메, 30대, 여.

실질적으로 기업의 규모와 상관없이, 재고 기부든 뭐든, 저희
는 임직원 캠페인이 무조건 들어가야 된다고 제안드리고는 있
어요. 기본적으로 재고 기부를 해도 임직원분들이 참여하실
수 있는 게, 저희의 미션이자 목표여가지고…

_이수원/활동가패널 열트메, 30대, 여.

밀알복지재단의 〈굿윌스토어〉 역시 다수의 기업 사회 공헌 파트너를
맺으며 성장해 왔다. 2024년 우리금융그룹과 300억의 기업 사회 공헌
협약을 맺어 향후 성장이 더욱 주목되는 굿윌스토어[23]는 환경 외에도
'장애인 일자리'라는 사회적 가치를 더함으로써 기업 사회 공헌 파트

---

23 "우리금융, '10년간 300억 투자, 장애인 일자리 1500개 창출'", 〈아시아경제〉, 2023. 12. 20.

너로 더 많은 호응을 얻는 것으로 보인다. 밀알복지재단은 굿윌스토어 뿐 아니라 기업 사회 공헌 전문 나눔 스토어 〈기빙플러스〉도 운영한다. 기빙플러스는 기부 물품을 지하철 역사에서 판매하는 '나눔 바자회' 행사를 진행하여 시민들로부터 큰 호응을 얻었고,[24] 물품 기부를 통해 관계맺은 기부자가 고액 기부자로 이어지기도 하면서 물품 기부의 확장 가능성을 보여주었다.

코로나 이후 유통 업계는 e커머스 시장의 확대와 함께 심각한 불황에 시달리고 있다. 물품 기부는 적자가 누적되고 있는 상황에서 회사의 부담을 낮추며 기부에 참여할 수 있는 방법이다. 기업체가 갖고 있는 물품은 비영리 모금 조직에서 기부 참여를 권할 수 있는 매개체가 된다.

> 적자도 너무 심하고 (중략) 주요 고객층들이 빠지다 보니까, (중략) 요즘은 조금 내부적으로도 물품 기부 쪽으로 많이 돌리려고 해요. 아니나 다를까 영업 이익이 줄어드니까 현금 기부는 오너 입장에서 너무나 부담스러우니까.
>
> _신유리/열트친/CSR, 30대, 여.

> E스포츠 페스티벌 같은 경우도 저희가 어쨌든 아이들이 한 300명 오니까 간식이나 이런 게 필요하잖아요. 그래서 저희가 C기업[기타 가공식품 도매업]이랑 S기업[식품제조업]에 제안을

---

24 "서울교통공사 9호선, 장애인의 날 '늦지않게 지켜주세요' 캠페인", <조세일보>, 2023. 4. 21.

했어요. 인제 아이들 오니까 물품 기부 해달라고 [기부금] 후원이 아니라. 다들 뭐 좋다고 해서 참여해 주셨어요. 실제로 C기업의 먹거리들을 패킹해 나눠주기도 하고, S기업에서는 포켓몬 빵도 주셨는데 (중략) 이런 식음료나 이런 것들을 아이들도 워낙 또 좋아하니까, 저희 행사에 같이 콜라보해 가지고 하면은 너무 좋더라구요. _이정민/기업재단, 40대, 남.

기업의 경우 재고 물품을 활용한 새로운 사업을 기획하기도 한다. 한 유통기업은 의류를 업사이클링하여 가구를 만들고, 그 가구를 활용하여 어린이 도서관을 꾸며주는 활동을 3년 동안 진행하고 있다. 소각하는 것에 비해, 친환경적으로 의류를 처리하고 업사이클링하여 재활용하는 방식은 훨씬 더 많은 비용이 소요된다. 비용 측면만을 놓고 본다면 '이렇게 하는 것이 맞나'라는 생각도 들지만, ESG 경영의 측면에서는 의미 있는 활동으로 이야기되고 있다.

의류는 가장 재고떨이 문제가 크거든요. 그래서 그런 것들을 바자회 쪽으로 넘긴다거나, 혹은 요즘은 또 옷들을 업사이클링해서 100% 친환경 열로 압축을 할 수 있더라구요 이 소재가. 특정 소재가 정해져 있기는 한데, 단추 다 떼어내서 100% 열로 압축을 해 가지고 요즘은 가구를 만들어서 그걸로 아이들에게 도서관을 꾸며주는 그런 활동을, 최근에는 3년 전부터 양산도서관에도 했었고, 이런 식으로 저희도 업의 특성을 조금 많이 살리려고 노력하는…. _신유리/사회공헌 담당자, 30대, 여.

물품 기부의 가이드라인이 필요하다

이처럼 개인과 기업의 물품 기부에 대한 관심은 더욱 늘어날 것으로 보인다. 이제는 직접 물품을 들고 기관을 방문하지 않아도 온라인으로 방문 수거를 신청할 수 있기도 하고, 가까운 편의점에서 택배를 보낼 수도 있는 환경이 조성되었다. 개인 기부자들은 이러한 높아진 접근성을 활용하고자 할 것이다.

그런데 물품 기부를 주고 받는 과정에서 발생하는 '불편한 경험'들에 대한 목소리에도 주목할 필요가 있다. 최근 중고 물품은 맘 카페나 당근마켓을 통해서도 활발히 유통되고 있다. 그렇지만 내 아이, 내 반려동물이 사용하던 물건과 같이 소중한 물건일수록 더 의미 있게 나누고 싶은 마음에 기부를 하기로 결심하기도 한다. 그래서 기부하기 위해 여러 모금 조직에 연락을 해보지만 기부하기가 쉽지 않다. 여러 번의 거절을 경험하면서 자기 물건이 마치 '쓰레기'로 치부되는 것 같아 상처를 받고, 그래서 마음의 문이 닫히는 경험을 하기도 한다.

> 저는 전화해서 여러 군데한테 거절당했어요. (중략) 돈으로 기부하는 것은 아니지만, 사실 물건도 시간도 다 기부라고 생각하는데, 그 부분에서 딱 막혀버리더라고요. 그래서 저는, 사회가 아직도 기부에 대해서 정말 돈 많은 회장만 몇 억씩 내가지고 기부할 수 있는 건 사실 아닌데, 이 5천 원씩 1만 원씩 3만 원씩 하는 거에 대해서, "돈으로만 해, 새 것만 줘" (중략)

[물품]기부에 대해서 사회가 갖고 있는 전반적인 컨셉이 한번 바뀌어야 되지 않을까 늘 생각을 해요. _권현영/개인기부자, 40대, 여.

저도 제가 아껴 썼던 것들, 아이가 썼던 그런 장난감들, 그런 거 모아가지고… 근데 거기는 그냥 물건 보고 다 받으시더라고요. 그들이 받아서 폐기하는지는 모르겠지만. 저는 아이가 하나기 때문에 주변에 물려줄 사람도 없고 그래서 재단에 많이 기부했던 것 같아요. 그런 물품들. _이주은/개인기부자, 50대, 여.

물론 모금 조직이 결국에는 폐기해야만 하는 물품들이 기부되는 사례도 실제로 많다. 팬덤이 기부하는 대량의 음반이 대표적인 사례다.[25] 기관의 사업과 활동에 필요한 물품이 아님에도, 기부자의 호의를 생각해 떠넘기듯 받게 된 물품들은 결국 쓰레기가 된다. 필요한 물품을 기부하고 받을 수 있는 정확한 매뉴얼이 제대로 정해져 있지 않기 때문에 이런 문제가 발생한다.

제발 불필요한 현물 기부, 그거 좀 정확한 매뉴얼을 만들어서 아예 법으로 모금회법이든 뭔가 개정됐으면 좋겠다는 생각을 항상 하는 것 같아요. 특히 연예인 CD 제발 좀. 그걸 사실 배분기관에서 받아서 배분한다 한들… (중략) 결국에는 거의 90% 이상은 폐기거든요. (중략) 그런 현물 기부에 대한 기준을

---

25 "'아이돌 앨범 기부 좀 그만… 운영자금 줄어', 복지센터 직원의 호소". <머니투데이>. 2022. 07. 06.

정말 좀 더 엄격하게 하거나, 아니면 그 산정되는 금액을 엄청 낮추거나, 그것도 아니면 일정 금액 이상의 현물 비용을 처리하려면 현금도 같이 해야 된다고 생각하는 입장입니다.

_최한솔/개인기부자, 30대, 남.

기업도 이전처럼 단순히 물품을 나눠주는 것이 아니라, 기업의 전체적인 사회 공헌 전략과 방향성에 따라 스스로가 정한 우선순위에 따르며 물품을 기부하고자 계획하기 때문에, 비영리 모금 조직도 물품 기부에 관해 자신들만의 가이드라인을 명확히 할 필요가 있다.

저희가 과거에는 아동 시설에도 주고, 어르신들 계신 시설에도 주고 이렇게 했지만, 하다못해 물품도 막 나눠주던 시절이 솔직히 있었는데, 어떤 기준을 가지고, [기업의 사회 공헌 방향인] 다양성, 포용성에 대한 우선순위를 두고 우리의 한정된 예산과 소스를 풀겠다고 하는 게…. _윤재민/기업재단, 40대, 남.

기부 감각을 연결하는,
자원봉사

자원봉사와 참여형 이벤트를 기대하는 이유

기부자들의 기부 감각을 (되)살리기 위해서는 무엇을 할 수 있을까? 기부자들은 기부의 의미를 몸으로 느낄 수 있는 기회를 기대한다. 봉사 활동이나 참여형 이벤트를 기대하는 것도 기부금만으로 느낄 수 없는 물성 매력을 느끼고 싶기 때문이다. 그렇지만 모든 비영리 모금 조직이 봉사 활동의 기회를 제공할 수 있는 것은 아니다. 여기서 '연결 감각'이 중요한 포인트로 나타난다. 우리가 흔히 피드백이라고 부르는 손편지부터 뉴스레터, 임팩트 보고서 등, 기부자와의 소통 방법이 다양하게 알려졌지만, 방법 자체보다는 내가 그들과 닿아있다는 느낌, 연결되어 있다는 느낌을 받을 수 있는지가 중요하다.

기부 단체 주도로 기부자들이 직접 참여할 수 있는 분기별 일일 봉사나 참여형 봉사 데이가 있으면 좋을 것 같습니다. 단순히 '돈을 내서 기부한다'에서 끝나는 것이 아니라, 직접 기부의 의미를 몸으로 실천하면서 느껴볼 수 있는 기회를 마련하고, 기부를 하는 타인들을 실제로 면대면으로 만나볼 수 있는 행사를 참여하는 것도 의미가 클 것 같습니다.

_박세빈/시민패널 열트친, 20대, 여.

이동 약자를 위해 '배리어프리' 정보를 수집, 조회할 수 있는 플랫폼을 제공하는 〈계단뿌셔클럽〉은 직접 몸으로 변화를 만드는 감각적 경험을 느끼게 하고, 자원봉사에 참여하는 활동가들이 소속감을 느끼며 서로 네트워킹할 수 있는 기회를 만든다. 정기 기부로 기부를 오래한 사람조차 해당 기관을 방문해 볼 기회가 거의 없는 실정임에 반해, 계단뿌셔클럽은 매달 오프라인으로 활동하며 당사자를 직접 만나기도 하고, 함께 걷고, 함께 움직인다. 그만큼 지도가 채워져 나가는 성과를 체감하는 자원봉사자들의 뿌듯함 덕분에, 계단뿌셔클럽은 2024년 8월까지 수도권을 중심으로 약 2만6천 개 장소의 계단 정보를 수집했고, 약 190회 진행된 정복 활동에 누적 2천 명 이상이 이 이벤트에 참여했다.[26]

이곳에선 활동가들이 주체적인 존재로 기능한다는 것입니다. 다른 기부 단체의 경우 실제로 후원자들이 매우 많아서기도

---

26 "휠체어로 갈 수 있는 식당인지, '계단정보' 2만 6000개 모았죠", 〈네이트뉴스〉, 2024. 8. 6.

하고, 후원을 오래 해도 실제로 해당 조직 혹은 기부처를 방문해 볼 일이 없으며, 기존에 정해진 프로세스에 대한 응답으로서 기부를 실행할 뿐입니다. 그것이 나쁜 게 아니라 어쩌면 조금 수동적인 면이 있다는 것인데요. 제가 활동하고 있는 이곳은 소규모의 활동가 그룹을 운영하며 그들을 위한 네트워킹 행사를 자주 주최해 주고, 매주 뉴스레터를 전송하며, 활동가들의 의견을 매번 수집하는 것을 넘어, 기획에 직접 활동가가 참여할 기회까지 있습니다. 또, 활동 방식 또한 달마다 오프라인으로 활동하며 이동 약자 당사자를 접할 일도 많아 지속적인 동기 부여와 책임 의식을 느끼게 합니다. 그저 수많은 얼굴 없는 천사 중 하나로 대하기보단, 마치 조직의 중요한 구성원처럼 대해 준다는 느낌에 활동가들 또한 오너십을 가지고

모바일 앱 <계단정복지도>

계속적으로 활동을 지속하게 되는 것 같습니다.

_강수정/시민패널 열트친, 20대, 여.

다시 주목받는 임직원 자원봉사

최근 기업마다 임직원 자원봉사를 다시 시작하고 있다. 기업 사회 공헌의 클래식이었던 임직원 자원봉사가 새삼스럽게 트렌디해진 걸까? 기업의 사회 공헌 담당자들은 임직원 봉사를 다시 시작하는 것에 대한 고민이 있었다고 말한다. 직장내 새롭게 진입한 세대들에게 일률적인 집단 문화, 동원 문화의 상징의 하나였던 임직원 봉사 활동에 대한 반감이 크다고 생각했기 때문이다. 그런데 새롭게 다시 시작한 임직원 봉사 활동에 대한 직원들의 반응은 매우 긍정적이었다. '봉사 활동 뜨자마자 지원했다'는 말도 들었다고 한다. 최근에 봉사 활동이 많이 없어서 사내 구성원들만을 위한 봉사 활동이 다시 시작되었을 때에도 관심도가 높았다.

저희도 다시 모집하니까 다시 됐고. 20대 여직원들에게 왜 지원을 하게 됐냐라고 물어봤을 때, "봉사활동을 너무 하고 싶은데 봉사활동이 없어서 봉사활동을 뜨자마자 지원하게 됐어요." (중략) "왜 지원하게 됐어요?" 막 다 물어보거든요. "근데 하고 싶었어요 봉사 활동 대학생 때 못해서" 막 이런 것들이 너무 많아서… _신유리/시민패널 열트친·CSR 담당자, 30대, 여.

최근 여러 기업은 동호회 형태로 봉사 활동을 진행하고 있다. 임직원 개개인이 봉사 활동 내용, 봉사 활동처 등을 자유롭게 정해서 원하는 사람이 원하는 방식대로 진행하는 것이다. 그러면 회사는 일정 정도의 활동비를 제공해 준다.

> 사실 팀 베이스의 봉사 활동은 무너진 거예요. 근데 그런 것들이 지금 시기에 맞지가 않고, 뭐 MZ 같은 직원들의 성향에도 맞지가 않고. 내가 팀장님이랑 봉사 활동 가기 싫은데 억지로 가야 했던 세상에서, '어, 나는 유기견에 대한 활동은 좋은데, 주말에 원래 평소에 따로 하고 있었는데', '회사에서 돈도 준대', 또 마음 맞는 사람들이랑 회사 사람들이랑 저걸 할 수 있어라는, 그 메리트로 자발적으로 참여하는 장점이 있으니까. 모든 전체 구성원이 참여하는 봉사 활동에서 이제는 소수지만…. 예, 의미 있게 자발적으로 하는 사람들의 방식으로, 다른 데들도 아마 변화를 계속하지 않을까 싶어요.
>
> _윤재민/기업재단, 40대, 남.

현대자동차는 소셜액션 네트워크 사이트인 VAKE, 세이브더칠드런과 협업을 통해 〈나눔&〉이라는 사회 공헌 사업을 진행하고 있다. 임직원들이 직접 참여하고 싶은 자원봉사 프로그램, 또는 기부나 펀딩을 선택할 수 있고 자원봉사를 마친 후 경험 후기도 공유할 수 있어 임직원들이 적극적이고 주도적으로 참여할 수 있다.

현대자동차의 <나눔&>,
임직원 직접 활동을 탐색하고 경험 후기를 공유할 수 있다.

기업 CSR 담당자들에게 올해 새롭게 시도한 것이 무엇인지 질문했을 때 가장 많았던 얘기도 '봉사 활동'이었다. 직원들에게 참여해 보고 싶은 사회 공헌 활동에 대해 의견을 물었을 때, <카카오T봉사버스>를 제안받기도 했다고 한다. 봉사 활동에 대해서는 직원들의 반응이 이처럼 적극적이다. 그 이유는 아마도 봉사 활동이 가지고 있는 본질, 즉 직접 뛰면서 느낄 수 있는 살갗에 와닿는 그 무언가를 체감할 수 있기 때문이다.

제가 직원들한테 알음알음 물어봤을 때는 카카오에 <같이가치> 있죠. 지금 이제 카카오T로 들어가가지고 신청하는 걸로 바뀌었는데 (버스) 맞아요, 봉사 버스가 있어가지고 그 버스 한 대로 다른 데 가는 건데, 저는 아날로그가 아직까지는 그 래도 사람들이 원하는 것 같아요. 그러니까 이 '아날로그함'은 아직도 유기견 봉사, 아직도 농촌. 농활은 예전부터 있었잖아 요? 근데 그게 아직도 지금의 대학생들한테도 니즈가 있고 진 행되는 거 보면은 봉사 활동에 대해서는 20년 전이든 지금이 든 사람들이 직접 몸을 뛰고 하고자 하는 그 배경이나 활동 지, 저는 비슷한 것 같아요. 다시 백투더 아날로그로 돌아가가 지고 트렌드가 되는 것 같아요. (중략) 내가 이렇게 뛰면서 직 접 하는 거. 키오스크 누르는 것도 너무나 최신이죠. 근데 저 는 뭔가 사람들이 진짜 느끼고 와닿는 게 더 크다고 봐요. 몸 으로 뛰고, '살갗'으로 와닿고, 어르신 집에 가서 직접 해주고. 그냥 그 말 한마디에 따뜻한 말 한마디에 다시 배불러서 집에 오는 게 봉사의 본질 아닐까라는 생각…

_신유리/시민패널 열트친·CSR 담당자, 30대, 여.

기부가 가진 따뜻한 감각을 손에 잡히듯 생생하게 느끼게 할 경험, 개 인과 기업 모두 이미 물성 매력에 끌리고 있다.

3

'우리의 지문'을 남기고 싶어요

#지문을남기고싶어요

#기업의색깔을입히고

#ESG

#전략적CSR

#기업스스로

#직접사업

#다이렉트한관계

올해 기부트렌드 패널에 활동에 함께한 2기 시민 패널과 활동가 패널이 뽑은 2025년도의 기부트렌드는 '티 나는 기부'이다. 내가 지향하는 가치와 개성, 주체성을 기부로 드러내고자 하는 것을 의미하며, 친숙하고 자연스럽게, 그리고 주체적으로 자아를 실현하는 방법을 뜻한다.

이러한 경향이 비단 개인 기부자들만의 이야기일까?

기업의 사회적 책임 활동Corporate Social Responsibility: CSR **27** 트렌드를 확인하기 위해 기부트렌드 패널 외에 15명의 CSR 담당자를 추가로 만났다. 현재 CSR 담당자들의 큰 화두이자 기업의 사회적 책임 활동의 전체 경향을 이끄는 것은 바로 의심할 바 없이 'ESG'이다. 이러한 경향 속에서 기업들의 최근 트렌드는 기부금을 어떻게 더 효율적으로 쓸 것인지, 그리고 기부금을 통해 어떻게 기업의 지문을 남길 것이며 어떻게 자신만의 스토리를 펴쳐낼 것인지 하는 문제와 연결되어 있다. 이 장에서 우리는 기부 감각을 깨우는 중요한 두 축인 '#효율'과 '#낭만'이 기업의 사회적 책임 활동에도 나타나고 있음을 밝힌다.

27 CSR, CSV, 기업 사회 공헌, ESG 등 기업이 수행하는 '사회적 활동'을 명명하는 단어는 다양하다. 물론 각각의 관점, 그리고 강조하는 바가 각기 다르지만, 여기서는 <기업의 사회적 책임 활동, 즉 CSR>이라고 통칭한다. 기업의 지속 가능성을 위한 ESG 경영의 일환이든, 기업 이윤의 일부를 사회에 환원하는 자선적 사회 공헌이든, 기업이 밸류 체인 전체에서 창출하는 가치를 공유하는 활동이든, 그것들의 가장 기저에는 이 사회의 구성원인 기업 시민으로서 마땅히 해야 하는 활동이라는 의미가 내포되어 있기 때문이다. 그러나 CSR과 사회 공헌이 서로 혼용되고 있는 것이 또한 현재의 상황이므로, 이하에서는 사회 공헌과 CSR, 사회적 책임 활동을 특별히 구분하지 않고 사용함을 밝혀둔다.

ESG는 필수,
CSR은 옵션?

글로벌 시장을 타깃으로 하는 수출 기업이든, 혹은 그들과 협업을 해야 하는 중소중견기업이든, 상장사이든 비상장사이든, 기업들에게 ESG는 거부할 수 없는 흐름, 즉 필수적으로 해야 하는 과업이 되었다. ESG에 대한 대응 수준이나 차원, 그리고 깊이는 기업마다 물론 다르다. 이러한 상황에서 기업의 사회적 책임 활동은 현재 어떠한 모습이고, 앞으로 어떤 모습으로 변할까?

뉴스기사를 통해 본 ESG와 사회 공헌의 관계 지형

> ESG는 그냥 기본. 사회 공헌 이런 게 아니라 경영 활동의 기본으로 흡수된 것 같아요. (중략) ESG는 머스트가 됐고, CSR은 옵셔널이 됐고… 그런 느낌이에요. _백수정/기업재단, 40대, 여.

자선기부, 전통적 사회공헌(53.5%)

19.2%	12.6%	11.9%	9.8%
Topic 3	Topic 1	Topic 2	Topic 5
지역, 기부, 전달식, 사업장, 공동모금회	업사이클링, 수익금, 참가자, 간담회 아이들 놀이터	미래세대, 아동, 어린이, 다문화	쪽방촌, 식료품, 장학금

ESG관련 사회공헌(46.5%)

13.5%	11.5%	11.3%	10.2%
Topic 4	Topic 7	Topic 6	Topic 8
소비자, 친환경, 재활용, 투자자, 이해관계자	탄소중립, 일회용, 배출량, 탄소제로	상생금융, 스타트업, 중소기업,	외국인, 몽골, 대학생, 저출산, 어린이집

ESG+사회공헌 뉴스기사 2,615 건 토픽모델링 결과.28 빅카인즈BIG KINDS에서 수집가능한 뉴스기사 데이터를 활용하였으며, 데이터 상 특성추출(가중치 순 상위 50개) 컬럼을 활용하여 토픽모델링 진행하였다.

기업 경영 활동의 '머스트(must: 필수)'가 된 ESG 흐름 속에서 과연 사회 공헌은 '옵셔널(optional: 해도 되고 안해도 되는 선택)'이 되었을까? 거부할 수 없는 ESG 흐름 속에서 어떠한 사회 공헌 활동이 진행되고 있는지를 확인하기 'ESG'와 '사회 공헌'이 동시에 등장한 뉴스 게시물(2024.1.1~2024.10.11기간) 총 2,615건에 관한 토픽 모델링 분석을 진행하였다.

---

28 수집된 데이터에는 홍보성 기사가 많이 발견되었다. 뉴스에는 사회 공헌 활동을 홍보하려는 기사가 많은 만큼, 회사명이나 기관명이 두드러지게 나타났다. 특히 상대적으로 홍보 여력이 큰 대기업의 활동이 자주 등장하는 것을 확인할 수 있다. 이러한 특성을 고려한 해석이 필요하다.

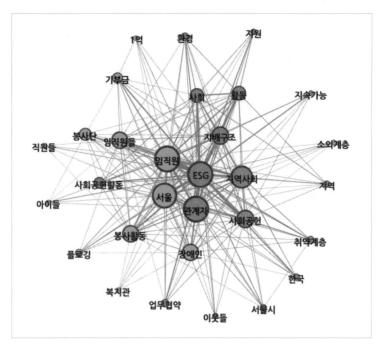

뉴스기사를 통해 본 ESG와 사회 공헌의 네트워크 구조
ESG와 관련성이 높은 것은 붉은색,
전통적 기부금 전달과 관련성이 높은 것은 푸른색으로 그룹핑되어 있다.

도출된 토픽을 살펴보면, 취약 계층에게 자선 사업 위주의 사회 공헌을 진행하는 전통 사회 공헌(Topic 3, 5)에 관한 내용이 30%로 여전히 다수의 비중을 차지하고 있다. 또한, 전통적으로 기업의 사회 공헌 활동으로 선호되어 왔던 대상인 아동청소년 관련 토픽(Topic 1, 2)도 24.5%의 비중으로 높게 나타났다. 눈 여겨 볼 만한 부분은 ESG 경영에 대한 대응으로 진행된 사회 공헌 활동도 46.5%로 상당한 비중을 차지하고 있다는 점이다. 소비자 등 이해관계자를 의식한 친환경 활동(Topic 4), 탄소중립과 배출량을 직접적으로 다루고 있는 활동(Topic 7), 지역사회 및 협력사 간 상생 등 거버넌스 차원의 노력(Topic 6), 해외 사업장 확대에 따른 사회공헌 활동(Topic 8)이 중요한 토픽으로 도출되었다.

논의 지형을 보다 구체적으로 확인하기 위해 단어들 간의 관계성을 확인할 수 있는 네트워크 분석을 수행하였다. 왼쪽 그림에서 보는 바와 같이, 푸른색과 붉은색으로 구분된 커뮤니티 구조가 확인되었다. 푸른색은 기업의 기부 활동과 연결된 임직원, 봉사활동, 봉사단, 장애인, 기부금 등의 단어가 두드러지며, 붉은색은 ESG와 연결된 지배구조, 관계자, 사회 공헌, 지역사회, 활동 등의 단어가 두드러진다. 한 가지 흥미로운 지점은 사회 공헌, 사회 공헌 활동이 ESG와의 연계성이 높게 나타난다는 점이다. 기업에게 ESG가 핵심 이슈가 되면서 사회 공헌 활동도 ESG와의 연관성 속에서 설명하려고 하는 최근의 트렌드가 확인되는 분석 결과라고 할 수 있다. 이러한 전체적인 논의 지형 속에서 기업은 어떻게 자신들의 기부 감각을 깨우고, 드러내고, 연결하고 있는지 더 구체적으로 살펴보자.

CSR, 감각적으로 진화하다

우리의 '지문'을 남기고 싶어요

실무자가 어떤 사회적 책임 활동을 기획할 때 제일, 최우선적으로 고려했던 건 '업의 본질 기반'이라는 이 여섯 글자였어요. (중략) 다들 그렇게 고민하시는 것 같아요. (중략) 성금을 탁탁 기탁하는 것만이 능사가 아니라, 우리 회사가 뭘 하는 회사고, 뭘 파는 회사고, 어떤 서비스를 제공하는 회사인지도 드러나는, 그런 사회적 책임 활동을 고민을 많이 하시는 것 같더라구요. (중략) 중견중소기업은 어떻게 보면은… (중략) 예산을 책정하는 노력을 들여서, 이왕 하는 건데 뭔가 그냥 [기부금] 얼마, 이런 식으로 지나가는 그런 CSR이 아니라, 뭐라도 약간 지문을 남기고 싶고, 잘 안 보이더라도 자국을 남기고 싶고, 도드라지고 싶고 구분되고 싶고… _안예림/CSR 담당자, 30대, 여.

우리는 기업 담당자에게 CSR 사업을 기획할 때 어떤 부분을 중점적으로 생각하는지 물었다. '업의 본질 기반'을 계속 생각한다고 했다. 우리 회사의 정체성, 업業에 딱 맞는 사회적 책임 활동을 고민한다는 것이다. 그 이유는 '뭐라도 약간의 지문을 남기고 싶어서'라고 했다. 기부금만 내고 끝나는 것은 '지나가는 그런 CSR'이라고도 했다. 인력과 예산이 부족하기에 더욱더 족적을 남기고, 자국을 남기고 싶다고도 했다.

'지문'은 모든 사람이 다르다. 그래서 개인을 식별하는 용도로 사용되기도 한다. 그런데 지문이 손가락의 감각 뉴런을 활성화하여 촉각을 향상시킨다는 연구 결과가 있다.[28] 인터뷰에 참여한 안예림 님의 '지문을 남기고 싶어요'라는 표현이 의미심장하게 다가오는 이유다. 누구나 하는 그런 으레적인 게 아니라 우리 기업을 식별할 수 있을 만큼 정체성이 드러나는 활동, 그뿐만 아니라 기부 감각을 더 예민하게 느낄 수 있는 그런 활동을 하고 싶다는 것이다. 이러한 욕구는 예산과 인력의 제약이 큰 곳일수록 더욱 두드러졌다. 한정된 자원을 더 효율적이고 더 효과적으로 사용해, 소비자와 이해관계자들에게 차별화되고 도드라지고 싶은 마음이 비친다. 이는 곧 전략적 CSR과 연결된다.

CSR 논의에서 '전략적' CSR은 이미 상당히 오래된 논의이다. 자선적 CSR과 전략적 CSR의 구분에 대한 이야기는 멀리 거슬러 올라가면 30년은 족히 된 이야기이다. 여기서 '전략적'이라 함은 한정된 자원을

---

28 "우리 손에 '지문'이 있는 놀라운 이유". 헬스조선. 2021. 3. 17.

어디에 우선적으로 쓸 것인지 기업 입장에서 전략적으로 판단해야 한다는 것이고, 그것은 어디에 돈을 써야 비즈니스에 도움이 될지를 판단해야 한다는 것을 의미한다. 그 사업이 기업의 이미지나 명성을 높이는 데 도움되는 수준이라 할지라도 말이다.

그렇다면 기업의 사회적 책임 활동을 전략적으로 한다고 할 때, 가장 근본이 되는 것은 무엇일까? 그것은 바로 '업과의 관련성'이다. 자선 활동이야 '선한 마음'이 있으면 되는 것이지만, 전략 활동이 되려면, '왜 우리 기업이 이 활동을 해야 하는지? 우리가 이 활동을 잘할 수 있는지? 이 활동이 의미가 있는 활동인지? 이 활동을 통해서 우리가 얻게 되는 것은 무엇인지?' 등, 이러한 다양한 질문에 답할 수 있어야 한다. 결국 이런 질문에 대한 답은 '업과의 연관성'을 통해 가장 잘 찾을 수 있게 되는 것이다.

기업의 색깔을 입히다

CSR 활동에 관해 위에서 언급한 '지문'이 기업의 정체성과 독특성, 본질을 표현하는 단어였다면, 방법적인 측면에서 자주 사용되는 표현으로 '우리가 원하는 색깔'이 있다. 이 표현은 어떤 사업을 하고 있는지, 어떤 사업을 하고 싶은지, 무엇을 고민하는지 등과 같은 질문을 했을 때 발견되는 공통적인 답변이었다.

사회적 책임 활동에 기업의 색깔을 입히고자 할 때, CSR 담당자들은 기업이 원하는 색깔이나 기업의 색깔을 더 잘 내줄 수 있는 비영리 조직을 선택하거나, 아니면 회사 색깔을 명료하게 드러낼 수 있도록 직접 사업을 하고자 하는 의지를 내보였다. 한마디로 기업도 자신만의 방법으로 자신의 기부 감각을 드러내고, 연결하고 싶은 것이다. 그리고 그 감각을 시민들과 이해관계자들에게 '티 내고' 싶은 것이다.

> 기업은 쓸 수 있는 재원이 한정돼 있는데, (중략) 그 돈을 좀 더 유용하게 쓸 수 있는 방법으로 내가 원하는 색깔의 사업을 해줄 수 있는 단체를, 이제 여기에 쓰라고 지정을 하는 거죠.
>
> _이윤서/CSR·ESG 담당자, 40대, 여.

> 우리랑 좀 더 친밀하게, 아니면 우리가 좀 더 많이 지원을 해서 우리에 대한 로열티가 높은 기관과 함께, 그리고 우리 색깔을 더 내줄 수 있는 기관이랑 함께하는 단계를 하고, 종국에는 그런 식으로 우리가 경험이 쌓이면 (중략) 우리가 우리 사업을 하자로 되는 방향이지 않을까요? _김영훈/CSR담당자, 40대, 남.

기업의 색깔을 입혀 지문을 남긴 사례

우리는 시민패널 '열트친' 모임에서 최근 흥미롭게 지켜보고 있는 사회 공헌 사업에 대해 물었다. 게임 회사 스마일게이트가 언급되었다. 스마일게이트는 '미래 세대를 위한 더 나은 세상'을 만들기 위해 창의 창작, 창업, 공감 참여라는 영역을 전문적으로 수행할 수 있는 별도의 재단을 만들어 사회 공헌 사업을 진행하고 있었다. 특히 '누구나 참여 가능한 기부플랫폼을 통한 즐거운 기부 문화 확산'이라는 미션을 갖고 있는 스마일게이트 희망스튜디오는 재단 홈페이지부터 '게임회사답다'는 말이 절로 나올 정도이다. 재미와 소통이 회사의 핵심적 가치이기 때문에 사회 공헌 활동에서도 이런 가치를 녹이려고 했다고 했다. 그래서 게임의 요소와 게임 용어를 적절하게 활용한 '게이미피케이션 기부 플랫폼'을 지향하고, 'Youth e-Sports Festival'을 지역아동센터의 아동청소년을 대상으로 개최하기도 한다. 이처럼 '업의 본질'을 CSR 활동에 어떻게 반영할 것인지는 모든 기업의 핵심적인 기본 방향이 되고 있다.

스마일게이트 희망스튜디오재단

기업의 업의 가치를 어떻게 또 CSR에 좀 녹일까? 이런 고민들이 내부적으로도 있습니다. 어쨌든 저희는 게임 회사고 엔터테인먼트 회사이기 때문에, 핵심적인 가치는 사실 재미인 거죠. (중략) 게임 회사가 '잘한다'라고 했을 때, 이 '잘한다'의 핵심 중에 하나는 당연히 컨텐츠도 있지만, 유저들과 얼마나 잘 소통하느냐, 진정성 있게 소통하는지가 사실 관건이에요. (중략) 재미와 어떤 진정성 있는 소통, 이것들이 어쨌든 게임 업계와 저희가 생각하는 하나의 중요한 가치들이고, 이것들을 또 사회 공헌 안에서 녹여 내려고 하는데… _이정민/기업재단, 40대, 남.

기업의 색깔을 티 내는 방법

직접 사업에 대한 갈망

기업이 CSR 사업을 통해 자신의 지문과 색깔을 남기고자 하는 마음은 기업의 '직접 사업'에 대한 욕구로 연결된다. '직접 한다'는 것은 단순히 기부금만 내고 끝내는 것이 아니라, 사업의 전 과정을 '내가 주도하고 싶다는 것'이고, 이 방법은 기업뿐만 아니라 기업의 구성원(임직원)들의 기부 감각에도 직접적으로 영향을 미친다. 이는 『기부트렌드 2024』에서 다룬 〈사회 공헌 사업의 주도권 변화〉라는 트렌드와 맞닿아 있다. 기업 사회 공헌의 초기에는 기업에게 재정적 후원을 받아 비영리 기관이 사업을 했다면, 기업과 비영리 기관이 같이 기획하는 단계를 거쳐, 이제는 기업이 기획, 진행, 평가의 측면에서 모두 주도권을 갖는다는 것이다.[30] 그리고 이 다음 단계가 기업이 사업을 '직접' 수행하는 것이다.

> 제 생각에는 지금 모두의 트렌드는 아니겠지만, 사실 회사들이 직접 사업하고 싶어 하거든요. (중략) 사회 공헌 사업을 하다 보면 이 성과를 누가 가져가느냐, 스테이크 홀더가 어느 정도의 포지션으로, 포션으로 그걸 가져가느냐 (중략) 우리가 쓰는 기부금, 우리 이름으로 쓰고 싶다, 그리고 우리가 더 많이 컨트롤하고 싶다는… (중략) 모두가 대표 사업을 가지고 싶어 하잖아요. 대표 사업을 누구랑 같이 하는 걸 원하는 기업, 많이 없을 거예요. _김영훈/CSR 담당자, 40대, 남.

이러한 경향은 기업이 전략적 CSR에 관심을 갖게 되면서 나타나기 시작해, 코로나를 지난 후 ESG가 화두가 되면서 더 커졌다고 한다. ESG를 '강요'받았을 때, 보여줄 수 있는 실적의 주체가 '기업'이 되어야 하기 때문이다. 따라서 과거처럼 기부금만 전달하는 방식, 공모 사업을 통해 여러 기관에 돈을 나누어 주는 방식, 비영리 기관에게 사업을 위탁해 결과 보고를 받는 방식에는 만족할 수 없게 된다. '우리'가 드러나지 않을 뿐만 아니라, 의견 전달하고 자료 요구하는 그 과정이 만족스럽지도 않고 효율적이지 못하다는 생각까지 들기 때문이다. '내 마음에 맞게' 움직여 줄 비영리 기관이 있으면 좋겠으나 찾기가 어렵기 때

---

30 박미희 외. 『기부트렌드 2024』, 이소노미아. 2024.

문에, '직접' 사업 구조를 만든다는 것이다. 또한 직접 사업을 진행하면 그 과정에서 사업에 대한 전문성이 기업에 내재화된다는 점도 매력적인 요소로 여겨지고 있었다.

코로나가 지나면서 직접 사업에 대한 니즈는 진짜 더 커졌다고 생각해요. (중략) 코로나를 기점으로 일반적인 사람도 그걸[31] 다 알게 되면서 어쩔 수 없이 우리가 강요를 받는 거예요. 근데 이걸 강요받았을 때 우리 실적이, 아니 우리가 했다는 게 '우리'여야 되는 거예요. (중략) 그래서 우리랑 사업했을 때 자기들 CI를 안 써줄 수 있는 곳, CI를 쓰더라도 적게 써줄 수 있는 곳, 아니면 우리 의견을 대신 더 많이 말할 수 있는 곳을 찾게 되는 거죠. 그런데 그런 데를 찾는 게 어렵잖아요? 그래서 어쩔 수 없이 우리 같은 곳[32]을 만들 수밖에 없는 거죠. 같은 CI를 쓰는… _김영훈/CSR 담당자, 40대, 남.

엎어지고 어떻게 돼도 '그냥 우리가 하자' 해서… (중략) 저희가 하면 예산도 훨씬 더 적게 들고, 효율적으로 하는 장점이 있으니까. 그러면서 또 인제 거기에 대한 노하우가 생기는 거죠. '이 사업을 이렇게 하면 되겠구나' 하는 걸 저희에게 내재화, 우리한테 쌓이고. 남한테 성과 리포트 하라고 해서… 100페이지 가져오면 뭐해요? 나랑 관련 없는 페이퍼 워크한 게 뻔

---

31 ESG 용어.

32 기업 재단.

히 보이는데… 그런 부분이 아마 이게 NGO들과의 협업에서
도… 저희가 하면 예산도 훨씬 더 적게 들고, 효율적으로 하
는 장점이 있으니까, 그러면서 또 인제 거기에 대한 노하우가
생기는 거죠. _윤재민/기업재단, 40대, 남.

그렇다고 기업들이 모든 사업을 다 직접 하겠다는 것은 아니다. 직접
하는 사업과 비영리 기관을 통해서 하는 사업이 어느 정도 구분이 되
어 있다. 직접하는 사업은 당연히 기업의 CSR을 대표하는 사업이다.
대표 사업의 경우에는 업과의 연계성이 높고, 따라서 기업이 해당 분
야에 전문성을 갖고 있다고 평가받기가 수월하다. 또한 대표 사업은
대부분 사업 기간이 길고 투자 성격도 있다. 그렇기 때문에 – 사업을
처음 세팅할 때 비영리 기관의 자문과 도움을 받더라도 – 기업이 직
접 기획하고 실행하며 관리할 수 있는 사업으로 여겨지는 것이다.

사회적 가치를 추구하는 스타트업들을 지원하는 사업은, 저희
가 거의 우리 사업처럼, 우리 사업과 같이 하거든요. 왜냐하
면… 우리가 측정하는 툴도 가지고 있거든요. (중략) 스타트업
들이 창출한 사회적 가치를 화폐화 할 수 있기 때문에, (중략)
금융사이기 때문에 투자할 수 있는 점도 가지고 있고, 재단이
그들을 육성할 수 있는 노하우도 있으니까… 우리 안에서, 인
하우스에서 다 해결되는 거잖아요. _김영훈/CSR 담당자, 40대, 남.

****사업, 우리 앞으로 한 10년 해야 되겠다, 이렇게 작정한 사

업에 대해서는 충분히…. 그게 시간 차이는 있지만, 기업이 다
양한 이해관계자의 도움 없이, 홀로서기 하는 시점이…

_윤재민/기업재단, 40대, 남.

한편 '기부금 처리'와 같은 행정적 도움이 필요한 사업, 전통적 영역의
복지 사업, 긴급한 지원금으로 진행하는 사업, 사업 내용에 대한 전문
성이 기업에 없다고 판단되는 사업은 '외부(비영리 기관)에 맡기는 방식'
으로 진행된다고 한다. 그런 사업은 기업이 자체적으로 할 만큼 자원
을 투입할 필요가 없기 때문이기도 하다. 따라서 기업 담당자들은 기
업이 잘할 수 있는 사업을 선택해서 직접 하는 방식이 맞다고 말한다.

그냥 기부금 처리, 요런 부분을 좀 도움을 받고자… NGO 단
체가 하고 있는 것 같은데… _홍은비/CSR 담당자, 30대, 여.

갑자기 저희 보고 H 대기업이 해야 될 일을 니들이 해라, 그러
면 저희가 되게 못하죠. 결국엔 외부에 맡기는 방식으로 다시
돌아갈 텐데, 물론 뭐 NGO나 NPO가 그런 역량이 있어서 그
쪽에서 해 주면 시너지가 날 수도 있는 건데… 가급적이면 기
업에서 직접 할 수 있는 일이면 (중략) 본인들이 잘하는 거 하
는 게 맞는 거죠. _윤재민/기업재단, 40대, 남.

기업이 직접 사업을 한다고 해도, 처음부터 끝까지 모든 것을 기업이
혼자 다 한다는 것을 의미하지는 않는다. 오히려 기업의 '색깔'이 드러

나도록 사업을 기획하고, 실행 과정을 총괄적으로 컨트롤하는 역할을 기업이 맡는다고 보는 것이 타당하다. 이때 필요한 부분은 외부 대행사를 쓰기도 하고, 비영리 기관에 일부 역할을 맡기기도 한다. 그러나 이 과정에 참여하는 어떤 주체도 전체 사업에 대한 그림을 갖고 있지는 않다. 오직 기업만이 전체 사업의 그림을 갖고, 컨트롤하기 때문에, '우리 기업이 한다'라고 자신있게 말할 수 있다고 한다. 기업은 사업에 관한 소통이 많아질수록 사업에 대한 이해도를 높일 수 있다. 또한 기업은 전문성을 발휘하면서 적재적소에 적확한 의사결정을 할 수 있기도 하다. 이런 점들이 사업에 대한 주도권을 갖고자 하는 기업에게 매력적인 부분이다.

> 모든 엔드 유저까지 우리가 관리할 수 없으니까 그 사이에 전문 영역에 맞게 팀을 붙이긴 하겠으나, 전체를 우리가 핸들링할 수 있는 구조로 완성됐기 때문에, '이 사업 전체는 누가 하냐? B기업이 한다'라고 포장할 수 있는 거죠. (중략) 우리 사업이니까 담당자 많이 만나고, 더 계속적으로 관리하고, 우리 모든 사업은 협업 툴에서 다 관리하거든요. 그래서 이슈가 있으면 계속 올라와요. 그럼 그때그때 해결하는 거죠. 그리고 매일매일 뭔가 업데이트가 계속되고. 근데 일반적인 지정 기탁은 그런 게 없잖아요. _김영훈/CSR 담당자, 40대, 남.

그러나 기업의 직접 사업 트렌드에 대한 회의적인 시선도 존재한다. 기업이 직접 사업하려는 것에는 기업의 '욕심에 의한' 측면도 있다는 견

해다. 그리고 기업의 직접 사업에 대한 욕심은 근본적으로 기업이 비영리보다 더 '스마트하고 효율적'이라는 잘못된 믿음에 기초한 부분이 있고, 그래서 오히려 합리적이고 효율적이지 않다고 보는 시각도 존재한다.

> 그리고 직접하려고 하는 거에는 약간 그런 믿음이 깔려 있다고 봐요. 기업은 스마트하고 효율적으로 움직인다, 비영리는 충분히 그렇지 못한 경우가 많을 것이다. (중략) 그 믿음이 많이 깔려 있는 경우도 있는 거 같아요. 그거는 그냥 업계에서 피부로 느껴지는… 근데 저는 그걸 좀 가끔 느껴요. (중략) 아, 직접 사업해, 직접 사업해야 있어 보여, 그게 우리에게 이득이고 그 자원을 우리가 가져야 되고… 이런 약간 욕심에 의해서 직접하는 이런 데는 별로 그렇게 의미있는 사업을 하고 있다, 잘하고 있다, 합리적으로 효율적으로 움직였다, 보여지지는 않아요. _백수정/기업재단, 40대, 여.

여기에 더해 코로나 이후 기업-시민사회NGO-정부, 3자간의 힘의 균형이 깨지고, ESG와 함께 기업의 지속 가능성이 최고의 화두가 되면서 사회 공헌 기금의 사용 주체가 '기업'으로 확고히 정착된 상황이 이런 '직접 사업'의 배경으로 작용한다. 이전에는 기업이 돈을 내지만, 그것을 어떻게 사용할지를 '사회'(시민사회와 정부, 언론)가 정했다면, 이제는 기업의 돈을, 기업의 목적으로, 기업의 온전한 선택으로 쓸 수 있게 되었다는 것이다.

[정부, NGO, 기업 간의] 힘의 균형이 무너졌기 때문이라고, 저는 그렇다고 보거든요. 코로나 전에는 기업에 대한 사회적인 압력이 있었어요. 기업의 사회적 책임에 대한 압력이 이렇게 강했잖아요. (중략) '사회 공헌 기금은 너희들에서 나오지만, 그거를 쓰는 건 NGO나 정부와 함께 우리 사회를 위해서 내놓는 거야.' (중략) 힘의 균형이 있었기 때문에, 기업에 대해서, 이 돈의 성격에 대해서. 코로나 이후에 ESG가 중요해지고, ESG는 결국 기업 자체의 지속 가능성이거든요? 그러니까 기업 자체의 지속 가능성이 중요해지면서 어느 순간부터 이 돈이, 사회 공헌 기금이 기업 주도가 됐어요. 이 돈은 기업이, 기업 맘대로, 어쨌든 기업이 선택해서, 기업의 목적에 의해서, 기업의 지속 가능한 전략을 위해서, 가장 효과적인 데 쓴다. 주어가 기업이 되었어요. (중략) 그 누구도 기업에 대해서 비판을 하거나 뭔가 매서운 눈초리로 문제를 삼는 게 없어졌어요. (중략) 그 누구도 NGO 눈치를 안 봐요. 외부 이해관계자 눈치를 덜 봐요. _한수경/ESG 컨설팅, 40대, 여.

기부자의 주도성이 강화되고 있음은 매우 분명하고 가속화되는 트렌드이다. 그것은 개인 기부자뿐만 아니라, 이처럼 기업 기부자에게서도 나타나는 현상이기도 하다. 나의 기부금을, 나의 돈을 어떻게 쓸지를 정하고 싶어하는 것은 기부자들의 공통된 욕구일지도 모른다. 여기에 ESG라는 새로운 글로벌 표준이 등장하면서 기업들은 전방위적으로 체계를 정비하고 있다. 이 과정에서 CSR 사업도 '내가 직접'하는 것이 효과적이고 효율적이라고 생각하는 경향이 커지고 있다. 이러한 경향을 뒤바꿀 만한 커다란 사회적 압력이 발생하기 전까지는 직접 사업 트렌드가 지속되리라 예상된다.

살갗으로 감각할 수 있는 현장과의 직접적 관계가 좋다

> 옛날에는 사실 단체를 알기가 쉽지 않았던 것 같아요. (중략) 요즘엔 그래도 중간에 안 거치고 할 수 있는 작은 단체들, 그나마 조금 더 관심있게 검색해 보면 찾을 수 있는 단체들도 있고, 이런 단체들한테는 직접 제안을 하는 걸로 알고 있어요.
>
> _강준환/기업재단, 40대, 남.

> 저희 기관에 바로 연락이 와요. 올해 같은 경우에도 바로 연락이 왔고 (중략) 담당자 이메일로 연락이 와요. 기업에서 이렇게 하고 싶어 하는데 여기 혹시 사례가 있나요? 이렇게 해서…
>
> _이세나/활동가패널 열트메, 30대, 여.

과거 사회 공헌 초창기에 기업 담당자들은 비영리를 통해 이슈를 발굴하면서 사업을 진행할 수밖에 없었다. 그들에겐 사업 경험이 없었고 정보도 부족했다. 그러나 2000년대 대기업을 중심으로 만들어진 사회 공헌 전담부서의 담당자들은 20년이 넘는 시간 동안 사회 공헌 전문성을 차곡차곡 쌓아갔다. 비영리 담당자가 이직과 순환 보직으로 떠나갈 때, 기업 사회 공헌 담당자들은 그 자리를 지켰다. 더군다나 인터넷을 통해 정보를 찾는 일이 매우 쉬워졌다. 결과적으로 사회 이슈를 찾고, 적절한 단체를 찾는 데 있어 굳이 '중간 지원 조직'이라고 일컬어지는 기관이 필요없어졌다. 이것이 현장에 밀착되어 있는, 즉 수혜자(또는 사례)를 직접 만나는 기관과의 직접적인 관계가 선호되는 이유이다.

> '너네 빠지라'고 이렇게 돼가지고. 그래서 '왜요?' 그랬더니 '사례는 여기 ***도33 많이 갖고 있어. (너희) 사례는 필요 없을 것 같아.' 이렇게 해가지고 올해 날아갔어요. (중략) 복지관이나 이런 데는 직접 아이들 케이스 관리를 하니까 [우리같은 중간 지원조직은] 아예 건너뛰고 거기를 가는 거죠. _손다연/활동가패널 열트메, 30대, 여.

다양한 펀딩 사이트 덕분에 기업과 현장의 직접적인 관계가 더욱 가능해졌다. 기업들은 현장 밀착형 비영리 기관을 찾으려고 과거처럼 애쓸 필요가 없어졌다. 펀딩 사이트만 훑어봐도 어떤 기관들이 있는지 알 수 있기 때문이기도 하며, 기부 플랫폼에서 기업과 현장을 직접 연결해 주기도 하기 때문이다. 〈해피빈〉의 경우 '해피 히어로즈'라는 브랜드로 기업의 사회공헌 활동 소식을 전해준다. 또한 기업과 현장을 연결해 주는 모금함을 개설하면서 일반 시민들도 참여하도록 제공하고

---

33 기부 플랫폼을 가리킨다.

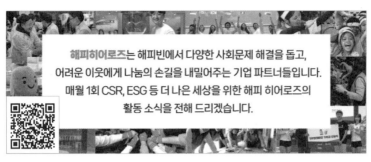

네이버 해피빈

있다. 또한 작은 기관들도 자신들을 스스로 홍보할 수 있는 다양한 수단(SNS, 각종 오픈채팅방)을 갖추고 있으니, 상당히 수월하게 기업과 현장이 직접 연결되는 상황이다.

지역 기반의 비영리 조직에 기업들이 직접 기부하는 경우가 늘고 있다. 중간 협력 조직을 거칠 경우 구조와 프로세스가 복잡해지기 때문에, 기업 담당자는 사업 진행 과정에서 그리고 의사 소통 과정에서 빠르게 진행되지 않아 비효율적으로 느낀다고 한다. 반면 수혜자를 직접 만나는 기관과 '다이렉트'하게 의사소통하는 것이 기업의 기부 감각에 직접적인 영향을 미친다. 작은 단체의 입장에서도 기업의 니즈에 맞게 맞춤형으로 사업을 유연하게 할 수 있다는 점도 장점이다.

[저희 기업은] 제품이 있으니까 현물을 기부하고자 하는 의지가 현금보다는… 어떤 재난이나 기후 위기와 관련된 이슈가

있을 때, 필요한 데 바로 기부하고 싶은데, 기존에는 그런 것들
이 바로바로 안 됐고, 또 다이렉트로 전달 안되고 막 이래서…

_윤재민/기업재단, 40대, 남.

ICT의 발달과 AI의 상용화와 같은 기술 진보로 인해 정보 제공과 획
득은 앞으로 더욱 수월해질 게 틀림없다. 기업과 현장의 '다이렉트한'
만남, 이를 통해 기업의 기부 감각은 더 섬세하게 진화될 것이다. 그리
고 이러한 경향은 앞으로 더 가속화될 것으로 전망된다.

그러나 현장의 중소 규모 비영리 조직과 기업의 '다이렉트'한 관계가
마냥 긍정적인 것만은 아니다. 자원을 갖고 있는 기업의 입장에서는
원하는 바를 바로 전달할 수 있어 효율적이겠지만, 작은 규모의 비영
리 조직 입장에서는 기업과 비영리 조직의 힘의 불균형으로 인해 협업
과정에서 어려움이 발생할 가능성이 높다. 기업과 비영리 조직의 의견
이 다를 경우 또는 기업의 요구가 현장에서 받아들이기 어려운 상황
일 때, 그것을 조정하고 중재할 제3의 인물이 없다는 점이 중소 규모
비영리 조직에게는 치명적인 약점으로 작용할 수 있기 때문이다. 이러
한 난점을 해소하고 기업과 비영리 조직이 건강한 협업 관계를 어떻게
만들것인지가 앞으로의 과제이다.

자기 생태계를 만들다

지금까지 자세히 살펴본 것처럼, 기업은 자신의 색깔을 잘 표현해 줄 수 있는 비영리 기관을 찾거나, 가능하다면 자신이 '직접' 사업을 하기를 원한다. 이 과정에서 중간 기관들을 건너뛰고 현장과 다이렉트로 연결되고 싶어하는 경향도 나타난다. 이 모든 것이 기부금을 어떻게 더 효율적으로 쓸 것인가, 그리고 기부금을 통해 기업의 지문을 남기고 자신만의 스토리를 어떻게 남길 것인지와 연결되어 있다. 기부 감각을 깨우는 중요한 두 축인 '#효율'과 '#낭만'이 기업의 사회적 책임 활동에도 나타나는 것으로 분석되었다.

기부 감각을 연결하고 확장하는 방법으로 우리가 더 주목할 필요가 있는 트렌드는 기업이 스스로 만드는 생태계다. 기업이 자신만의 생태

LG화학 ESG앱, '알지앱'

계를 만들고자 하는 행위는 비영리나 사회적 경제 조직, 소셜 벤처를 발굴하고 육성해 왔던 활동과도 연결되지만, 최근 기업이 자체적으로 만든 기부앱 사례는 특히 흥미롭다. 대표적으로 LG화학의 '알지', 한화의 '불꽃' 앱이 있다. 이 기부앱은 기업 임직원들을 넘어 시민들이 쉽고 재미있게 참여할 수 있는 플랫폼이다.

LG화학이 2021년 11월에 출시한 '알지' 앱의 경우, 사회적 갈등과 불균형, 환경 문제를 해결하기 위해 함께 반응하고 행동하자는 의미를 담아 'Re:act to zero(Rz)'라는 이름을 붙인 시민 참여 플랫폼이다.[34] 2024년 11월 기준 총 다운로드 수 25만 건, 1400여개의 콘텐츠, 1600만 건의 참여도, 11억 원 이상의 기부라는 성과를 달성했다.[35] 이처럼 기업이 시민 참여 플랫폼을 만들고자 하는 이유는 자체 앱을 통해 ESG 활동, 사회 공헌 활동에 대한 주도권을 확보할 뿐만 아니라, 앱을 통해 시민들과 교감하고, 시민들에게 알리고, 영향력을 확장하고자 하는, 즉 스스로의 사회 공헌 생태계를 만들고자 하는 생각이 기저에 있기 때문으로 보인다. 특히 'ESG'에 대한 시민들의 인지도와 호응도가 높다는 점에서, 특히 앱을 통해 활동하고 포인트를 쌓으면서 하는 기부가 젊은 연령층에게는 어려운 일이 아니라는 점에서도 기업이 직접 해볼 만한 사업으로 기대되었을 것이다.

34 "'친환경' 행동이 기부금으로… LG화학 신개념 ESG 앱 '알지'", <한겨레신문>, 2022. 4. 6.
35 "'스마트폰 하나로 ESG 참여' ESG 실천 기부 챌린지 앱 '알지?' 리뉴얼", <세계일보>, 2024. 11. 25.

혼히 말하는 전략적 CSR, 저는 ESG를 활용한 전통 사회 공헌을 살리는 법이 되게 중요한 것 같아요. 그래서 담당자들의 역할이 뭐냐 하면 ESG를 살려서 하는 사회 공헌. (중략) 처음에 'ESG를 실천하자, 그래서 좋은 사람이 되고 사회에 기여하자'. 근데 (앱) 뒷단에 기부를 붙였잖아요. 그건 결국에는 해도 되고 안 해도 되는 거였어요. 근데 사실 기부라는 게 빠지면 어떻게 보면, 저는 알맹이가 빠진 느낌이었거든요.

_오민형/CSR 담당자, 40대, 남.

그러나 이러한 앱을 개발하는 것은 구축과 유지 측면에서 비용이 많이 든다는 점에서 지속 가능성에 의문이 제기되기도 한다.

본인들이 사회 공헌 플랫폼을 되게 만들고 싶어 해요. (중략) 근데 그게… 그걸 앱으로 만들면 홍보하는 돈이 더 들거든요. 관리하고, 엄청 돈 들어요. 이걸 왜 하는지 모르겠어요…. OOO[36]는 사실 업의 특성상 사용자들이 되게 많으니깐 우리는 굳이 우리를 홍보하는 돈을 안 써요. 그러니까 20년 지속할 수 있는 거에요. _장인주/온라인 기부 플랫폼, 40대, 여.

그럼에도 불구하고 기업이 자신들의 자체 생태계를 '굳이' 만들려는 이유는 무엇일까? 지금까지 살펴본 것처럼, 기업이 사회적 활동에 자

---

36 온라인 기부 플랫폼 명칭이다.

원을 투입해야 하는 것이라면 더 효율적이고 더 효과적으로, 그리고 가능하다면 '나의 스토리'와 주도성을 더 눈에 띄게 드러내고 싶기 때문이다. 물론 여기서 효율적, 효과적이라고 함은 사회 문제 해결의 효율성과 효과성만을 의미하는 것만은 아니다. 그것보다는 기업의 '지문'과 '색깔'을 드러내는 측면에서의 효율성과 효과성이라는 의미도 들어있다. 나의 생태계를 만듦으로써, 그 안에서 시민과 비영리 파트너들과 직접적으로 관계를 맺고, 그들을 기업의 든든한 '팬'과 '우군'으로 만드는 것, 이것이 바로 자신만의 생태계를 '굳이' 만들고자 하는 이유가 아닐까.

> 사회적 경제라는 용어가 소셜 벤처 쪽으로 발달하면서 청년들이 많이 들어오고, 그 청년들이 좀 톡톡 튀잖아요, 참신하고. 이제 그런 거를 기업하고 연계하기가 너무 좋아지니까 자기네 생태계 안에 다 가둬버리는, 그렇게 되는 것 같아요. 마치 애플이 자기 생태계 만들 듯이 소셜 벤처 생태계를 기업별로 만들고 있어요. _최현석/활동가패널 열트메, 40대,

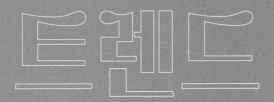

트렌드

옴니레이징, 기부 감각을 깨우는 일관된 경험

#옴니레이징

#브랜딩포지셔닝

#자립준비청년

#꾸준함이브랜드

#옴니채널

#대면모금은여전해

#디지털기부모금

과거 비영리 모금 조직이 직접적인 기부 요청에 집중했다면, 최근 대형 조직들은 브랜드를 구축하고 홍보하는 활동을 늘리고 있다. 그들은 사업을 장기간 반복하고 업그레이드하면서 지속적으로 알리며, 잠재 기부자에게 브랜드를 각인시키고자 노력한다. 이는 영리 기업의 브랜드 마케팅과 비슷한 경향이기도 하다.

또한 고객의 감각을 자극하여 기업이 원하는 방식으로 생각하고 행동하도록 영향을 미치고자 하는 감각 마케팅을 비영리 조직도 적극적으로 활용한다. 디지털 기반 모금의 효율이 떨어지는 이때, 다수의 비영리 조직들은 온오프라인을 넘나들며 '옴니레이징Omni-raising'으로 기부자의 감각을 깨우고 있었다.

2024년은 브랜드 포지셔닝, 옴니채널, 감각 마케팅과 같은 마케팅 용어들이 비영리 분야에서 많이 언급된 한 해였다. 그러나 비영리 조직이 보유한 자원에 따라 마케팅의 활용 범위나 수준이 달라지게 마련이다. 그러기에 자원이 부족한 중소 조직들의 어려움은 더 깊어졌다. 비영리 마케팅이 점점 고도화되고 전문화되는 가운데 다수의 활동가들은 모금실적 압박이 커지는 상황을 토로했다.

하지만 시민들에게 기억되는 비영리 브랜딩이 반드시 세련되고, 대규모의 자원을 여러 채널에 투입해야만 가능한 것은 아니다. 우리는 다수의 사례에서 비영리의 브랜딩이 사회에 의제를 던지고, 잠재 기부자의 인식 변화를 끌어내는 힘이 있음을 발견했다. 진정성 있는 콘텐츠로 주요 지지층이나 기부자가 원하는 소통을 강화할 때, 비영리 브랜딩은 그 힘을 발휘한다.

브랜드로 감각하다

브랜드 포지셔닝

최근, 기부자를 만나는 비영리 조직의 전략에서 '브랜딩'이 큰 트렌드 변화로 나타난다. 정보 과잉 시대에 기부자에게 다가가기 위해서는 지금까지의 방식을 뛰어넘는 새로운 접근법이 필요하다는 생각에서 비롯된 변화다. 이미 영리 기업에서는 커뮤니케이션 과잉 시대에 잠재 고객의 마음에 자리잡기 위해 브랜드의 고유한 위상을 구축하고, 브랜드를 변화시키거나 강화한다.[37] 넘쳐나는 커뮤니케이션을 뚫고 자신들이 의도하는 이미지로 잠재 고객에게 기억되기 위해 브랜드를 포지셔닝하는 것이다. 대형 비영리 모금 조직들도 모금 경쟁 심화와 불경기, 정보의 과잉이라는 환경을 타개해 나가기 위해 브랜드 홍보 활동에 집중

---

37 잭 트라우트, 앨 리스, 『포지셔닝』, 을유문화사, 2021.

하고 있다. 이들은 몇 년 전부터 잠재 기부자들에게 자신들을 알리고, 기부자로 유인하고, 충성도를 높이기 위해 전략적으로 브랜드 마케팅을 해 왔다.

이미 몇 년간 특정 캠페인이나 행사를 매년 조금씩 변경하면서 반복해 온 모금 조직은 이제 캠페인 자체를 브랜드화 하고 있다. 메시지를 단순화하거나, 차별화한 메시지를 반복 전달해 온 효과이다. 브랜드화된 캠페인이 있는 조직과 그렇지 않은 조직 간의 소셜 미디어 언급량은 큰 차이를 보인다. 모금 조직이 기대하는 브랜딩의 효과는 잠재 기부자들의 마음속에서 특정 사업이나 영역의 대표 브랜드로 떠오르게 할 뿐 아니라, 조직이 직접 나서지 않더라도 잠재 기부자들끼리 언급하면서 '바이럴'로 브랜드가 퍼져 나가도록 하는 것이다. 브랜딩은 단기간에 이루어지지 않는다. 그래서 대형 모금 조직들은 브랜딩의 중요성을 인지하고, 전사적으로 그리고 장기적으로 투자하는 모양새다.

> 옛날에 후원자 미팅 가면 "거기가 어디예요?"라면서 모르시는 분들도 꽤 됐었는데, 요즘은 "광고에서 많이 봤습니다.", "네이버 메인에서 많이 봤습니다."라고 말씀하세요. (중략) 브랜드 이미지에 많이 집중하고 있고, 전반적으로 본사 차원에서 거기에 올인을 하고 있는 것 같아요. (중략) 회의록을 봐도 예전에 홍보팀이 저 뒤에 있었어요. 레이아웃 순서가. 지금은 CEO 메시지 다음에 바로 홍보실이에요. _손다연/활동가패널 열트메. 30대. 여

저희는 TV도 그렇고, 달리기도 계속 매해 이어져 오는 그런 캠페인들이 많이 있어가지고요. 거의 2019년부터 진행돼 왔던 것들을, 매해 조금씩 다르게 [캠페인을 하면서] 브랜딩화 하려고 해요. _노현성/모금기관 근무, 40대, 남.

저희는 브랜드를 만드는 데 5년 이상 시간이 걸렸거든요. 그래서 지금은 검색만 해도 나오는 하나의 브랜드가 되었고, 캠페인에 참여하셨을 때 상징으로 굿즈를 주기 때문에, 이게 좀 차별화 전략인 것 같아요. _김형진/모금활동가. 40대. 남

소비 심리 위축이나 정보 과잉에 대응하여 대형 모금 조직들은 브랜드 이미지를 창조하고, 이를 대중에게 알리기 위한 투자를 지속·확대하고 있지만, 중소 모금 조직의 시름은 깊다. 코로나 팬데믹 시기에 디지

사회복지법인 어린이재단은 2023년 12월 '초록우산'으로 브랜드를 변경하고 캐릭터 초뭉이를 만들었다.

2016년부터 시작한 유니세프의 '유니세프팀'은 매년 버전을 달리하며 유니세프의 후원자를 '팀'으로 명명하고 소속감을 강조하는 브랜딩을 지속하고 있다. 2024년에는 파리올림픽 국가 대표 팀을 유니세프'팀'으로 연결하는 캠페인을 벌였다.

털 모금에 뛰어들었던 조직들은 광고 효율이 악화되는 현상을 체감하고 있다. 대면 모금으로 유입된 기부자들의 기부를 유지하는 일도 예전보다 어려워졌다고 이야기한다. 그럼에도 브랜드 마케팅 투자를 결정하기는 쉽지 않다. 브랜딩이 즉각적인 기부 수입으로 이어지지는 않기 때문이다. 실무자들은 '브랜딩의 필요성을 느끼지만 대부분 조직의 의사 결정자들이 브랜딩에 대한 이해가 높지 않고, 단기적인 모금 효과성만 강조하고 있다'면서 어려움을 토로한다.

디지털 모금 캠페인의 성장이 거의 임계점에 이르렀기 때문에, 모금 조직은 앞으로의 투자 방향을 결정해야 하는 시기를 맞이하고 있다. 동일한 수혜 대상 집단이나 비슷한 사회 문제 해결을 위한 캠페인들 사이에서 어느 조직의 사업인지 구분이 잘 되지 않는 상황이 자주 발생한다. 자신만의 고유한 정체성을 적극적으로 찾고, 그걸 제대로 표현해야 하는 시기이다.

재단이 설립된 지가 30년이 넘었지만, 아직도 거리에 나가 보면 모르는 사람들이 반 이상이거든요. 그런 것을 보면서, 이제 브랜딩이 정말 중요하고 마케팅이라는 게 중요한데, 재단이 너무 모금에만 갇혀 있지 않나라는 생각이 들어서… 한편으론 부러웠던 것 같아요. (중략) 모금에만 초점을 맞춰두고 사업을 만들려고 하니까 어려운 거죠. 그리고 모금이 안되면 바로 사업을 폐기해 버리니까 더 어려운 것 같아요.

_황명호/활동가패널 열트메. 30대. 남

지난 5년간 변화된 게 많이 없긴 하거든요. 크게 변한 건 브랜딩 캠페인이 좀 더 많아졌다는 거. (중략) 퍼포먼스(디지털 모금 캠페인의 성과)의 한계가 오는 시점에서는… 이젠 브랜딩으로 가는 시점이에요. 큰 단체들은 시작해서 움직이고 있는 거고, 반면 작은 단체들은 브랜드 캠페인을 하기에는 예산도 없고 퍼포먼스가 없다 보니까, 그들의 노선을 찾아야 되는 그런 기로에서 있는 2025년이 되지 않을까. _김은호/모금지원단체 근무. 40대. 남

콘텐츠가 브랜드로

비영리 모금 조직에게 이슈레이징Issue raising이 돌파구가 될 수 있을까? 2000년대 초반 비영리 분야는 성장기를 맞이하면서 사각지대를 발굴하고 공감을 끌어내는 데 주도적인 역할을 했다. 그러나 이제 이 주도권은 비영리뿐 아니라 개인, 정부, 기업, 사회적 경제, 임팩트 조직 등 다양한 곳에서 갖고 있다. 누구나 사회적 사각지대를 발굴할 수 있는 상황은 상당히 고무적인 현상이다. 그만큼 우리 사회의 여러 문제에 관해 많은 주체가 관심을 갖고 해결하려는 의지를 보인다는 신호이기 때문이다. 이러한 가운데 비영리 조직은 아무도 관심 갖지 않는 사회 이슈를 발굴하고, 시민들의 관심을 끌어내고, 자원을 마련하며, 정부의 정책 변화까지 이끌어 내는 역할을 한다. 이 과정에서 중요한 것은 우리 사회를 구성하는 다양한 주체들의 '공감'을 이끌어내는 것이다.

> 중국의 임시 정부 사적지들을 A기업이 아무도 모르게 관리하고 있던 겁니다. 중국 정부 예산도 없고 한국 정부 예산도 없는데요. 사회 공헌 활동의 일환으로서 임시 정부 유적지를 관리하는데, 이걸 별도로 알리지도 않고 중국에 간 사람들만 알 수 있다 보니까, 굉장히 뜻깊은 활동임에도 불구하고 알려지지도 않았어요. '오히려 이런 데 기부를 하고 싶다' 라는 인식을 가지게 되었습니다. _노상욱/시민패널 열트친, 20대, 남.

> 이슈메이킹을 하는게 쉬운 일이 아니에요. (중략) 사람들이 잘

모르는 이야기들에 귀 기울이게 하는 그 힘은 결국 후원으로 이어지게 하는 힘이지 않을까 싶습니다.

_김상원/활동가패널 열트메, 40대, 남.

비영리 모금 조직의 활동가들이 이슈를 발굴하고 이를 콘텐츠화 하는 일을 상당히 고려하는 이유는 결국 조직이 제공하는 콘텐츠를 통해 더 큰 효과를 얻기 위해서다. 한편으로는 잠재 기부자가 조직과 관계를 맺는 기회가 되고, 다른 한편으로는 그 콘텐츠가 기부자의 기부 감각을 유지해 줄 수 있기 때문이다. 2024년 〈기빙코리아〉 연구 결과에 의하면, 정보 공개와 커뮤니케이션에 대한 평가가 높을수록 기부를 통한 변화를 더 많이 인식하는 것으로 나타났다.[38] 소통의 핵심 메시지는 조직이 전하려는 콘텐츠이며, 이는 기부자와 조직의 관계를 연결해 주는 역할을 한다.

> 기부를 볼 수 있는 건, 모금을 조금 더 어필할 수 있는 건, 결국 그 안에 담겨 있는 메시지밖에 없는 거고, 그래서 후원자 서비스와 관련된 부분에 있어서, 옛날에는 서비스라는 단어를 많이 썼다면, 지금은 관계 유지 마케팅이라고 해요. (중략) 어느 날 갑자기 불현듯 깨달음처럼, '내가 사회에 뭔가 기여를 해서 변화에 기여해야지' 하는 시대는 끝난 것 같고, 자연스럽게 당연히 해야 되는 문화가 되면서, 그게 자리잡고 있는 변화의

---

38 아름다운재단 기부문화연구소, <2024 기빙코리아: 낮은 변화인식 집단 vs. 높은 변화인식 집단 비교>, 아름다운재단, 2024.

단계인 것 같아요. _차은빈/활동가패널 열트메, 40대, 여.

기부자와의 연결, 화려하거나 거창한 서사일 필요는 없다. 코로나19 팬데믹, 전쟁과 분열, 기후 위기 등을 통해 이미 우리는 '별 일 없는' 평범한 일상을 갈망하고 있다. 이것이 『트렌드 코리아 2025』의 키워드 중 하나가 된 '#아보하(아주 보통의 하루)'의 배경이다.[39] 그저 그런 하루는 쉽게 얻어지지 않는다. '아주 보통의 하루'가 너무나 소중한 시대가 되었다. 기부자에게 전달하는 메시지도 마찬가지다. 대중의 소소한 삶에 다가갈 수 있도록 커뮤니케이션하는 것이 돌파구가 되지 않을까.

최근 핀테크 기술이 발달하면서 작은 금액을 손쉽게 기부할 수 있는 플랫폼이 늘어나고 있어요. (중략) 이런 형태의 기부는 개인의 생활과 밀접하게 연관되어 있어 기부를 더욱 자연스럽고 일상적인 행동으로 만들어 줍니다. (중략) 기부가 특별한 날이나 이벤트가 아닌 매일의 습관이 되도록 만드는 것이 핵심이라고 생각해요. _이건우/시민패널 열트친, 20대, 남.

브랜딩 효과, 자립준비청년 캠페인

2024년 12월 현재, 네이버에서 '자립준비청년'을 검색하면 파워링크

---

39 김난도 외, 『트렌드 코리아 2025』, 미래의 창, 2024.

검색광고 영역에서 무려 15건의 모금 캠페인을 볼 수 있다. 검색광고를 하지 않는 조직도 있으므로, 실제 '자립준비청년' 콘텐츠로 모금 캠페인을 하는 조직은 이보다 많을 것으로 예측된다. 자립준비청년 지원은 활동가와 시민 패널들이 가장 많이 언급한 사회 이슈이자 주목하고 있는 모금 캠페인이기도 했다. '자립준비청년' 사업이 있으면 기부하겠노라고 나서는 기부자들도 있다고 하니, 이 캠페인은 소위 말해 '성공적'이라고 평가할 만하다.

자립준비청년 캠페인이 성공적이라고 하는 데에는 관심 밖의 이슈를 사회적 의제로 만드는 데 성공했다는 점 때문이다. 이 성공에는 캠페인의 이름과 전달 방식이 중요한 역할을 했다. 이 사업은 과거 '보호종료아동' 지원 사업으로 20년 넘게 진행되어 왔지만, 2019년부터 본격적인 관심과 지원을 받고, 2021년 '보호종료아동'을 '자립준비청년'으로 개념 정의를 다시 할 만큼 이슈화되었다. 그리고 이 이슈에 사회적인 관심이 쏠렸음을 여러 곳에서 확인할 수 있다. 대표적으로 〈해피빈〉에서 기부금 증가가 두드러진다. 2024년 11월을 기준으로 진행 중인 자립준비청년 모금함은 11건이었으며, 종료 건까지 포함하면 총 96건으로, 보호종료아동 45건에 비해 월등히 많았다. 뿐만 아니라 시민들의 관심도 크게 증가했다. 2019년 비영리 조직들의 본격적인 캠페인 이후 자립준비청년 관련 검색량은 그 이전에 비해 216배, 2021년 소셜미디어 게시글은 2019년에 비해 10배 이상이 늘어났다.[40]

---

40 아름다운재단, 〈자립준비청년 23년 임팩트 보고서〉, 아름다운재단, 2023. 12. 19.

자립준비청년들에 대한 혜택들이 굉장히 많이 늘어나서 (중략) 확대되는 부분들이 훨씬 더 있는 것처럼… 명칭이 매우 중요하거든요. 그래서 기부에서도 그런 명칭을 바꾸는 게 굉장히 중요해요. _이영한/시민패널 열트친, 40대, 남.

네이버에 검색 광고를 하며 적극적으로 캠페인을 펼치는 모금 조직들은 잠재 기부자들이 자립준비청년의 이야기에 공감하고, 기억하기 쉽도록 특별한 캠페인 명칭을 부여하면서, 자립준비청년의 목소리를 전달하고자 노력하고 있었다. 특히 수혜자를 자립의 주체로 보여주며 긍정적인 커뮤니케이션을 하고 있는 경우가 다수였다. 이들 중 큰 성공을 거둔 캠페인은 자립준비청년의 문제를 발굴하고, 수혜자를 당당한 주체로 변화시키고, 캠페인을 매년 업그레이드하며, 기부자에게 필요한 부분을 여러 각도로 알리는 등 비영리 브랜딩의 성공 요소를 두루 갖추고 있었다. 비영리 브랜딩에는 사회에 의제를 던지고, 잠재 기부자의 인식 변화를 이끌어 내는 힘이 있음이 확인되었다.

자립준비청년이 겪는 현실을 가감 없는 인터뷰로 제시하여 (중략) 좋은 성과를 낸 캠페인이라고 생각됩니다. 청년들을 만나고 이들의 이야기를 점점 듣다 보니, 사전 인터뷰를 하면 할수록, 캠페인 페이지에서 청년들의 어려워 보이는 점보다는 미래적 관점에서 조금만 도움을 주면 잘할 수 있단 이야기를 하고 싶어서… 단순히 이들의 어려움만 노출하고 싶지 않았습니다.
_김유정/활동가패널 열트메, 30대, 여.

보육원 퇴소 아동에 대한 지원 필요성을 누구나 공감은 하지만, 성인이 되었다는 이유만으로 혼자 스스로 자립하고 생계를 책임질 수 있다는 막연한 생각을 갖는 대중들도 적지 않아 실질적인 후원으로 연계되기가 쉽지 않았던 모금. (중략) 이런 현실을 대중들에게 알리고, 오히려 대상자인 자립준비청년을 캠페인 모델로 세움으로써 보호종료아동들의 자존감을 높이고, 보육원 출신이라는 낙인감을 스스로의 힘으로 벗어내도록 하고, 시민들로부터 응원과 지지를 받는 계기와 기회를 제공하는 캠페인이었다… _손다연/활동가패널 열트메, 30대, 여.

이게[자립준비청년문제] 사실 예전부터 많이들 알고 있었고 아마 저는 정부 쪽에서도 다 알고 있었다고 생각해요. 근데 시민 사회 단체에서 이것에 집중해서 의제화시켜서 이슈를 만들고…. 물론 그 안에서 시민들의 역할도 있었고, 미디어 역할도 있었고, 기업 역할들도 있었는데요. 그것이 이슈화가 되니까 그제서야 복지화를 하고 명칭도 바꾸고.

_김강현/시민패널열트친, 30대, 남.

한편 비영리 영역 전반에서 새로운 이슈레이징이 눈에 띄지 않는다는 우려가 꾸준히 제기된다. 자립준비청년 캠페인이 몇 년간 의제화와 인식 개선, 모금에서 성공을 거두었지만, 현재는 너무 많은 조직이 비슷한 콘텐츠를 전달하고 있으며, 한정된 수혜자 그룹에 기부금이 편중된다는 우려도 있다.

다양한 기관에서 진행하는 자립준비청년 캠페인

자립준비청년 이후 비영리 조직의 강점을 발휘한 모금 캠페인이 나타
나기를 기대한다. '아보하'가 귀한 시대, 무탈한 삶을 살지 못하는 이들

의 이야기를 사회에 알리고, 이들의 삶을 회복시키기 위해 시민들의 참여와 정책 변화를 이끌어 내는 비영리 조직의 감각이 발휘되어야 할 시점이다.

꾸준함이 브랜드

시민 패널과 활동가 패널에게 각각 인상적이고 기억에 남는 사회 공헌 활동이 무엇인지를 물었다. 인상적인 사회 공헌 활동의 대부분은 꾸준함, 진정성, 지속성에서 기반한 활동이었다. 꾸준히 오랫동안 기업의 업과 잘 연계하여 진행한 사업들은 시민, 비영리 현장 실무자, 사회 공헌 담당자에게 모두 인상적인 활동으로 회자되고 있었다. 다수의 시민 패널은 기업이 하는 일과 연관이 되면서 가장 잘할 수 있고, 어쩌면 그 기업만이 할 수 있는 활동이기 때문에, 그런 특정 사회 공헌 사업이 기억에 남는다고 답변했다. 본업과 잘 연계된 꾸준한 활동이 인상에 남는 까닭은 무엇일까? 그러한 사업에는 사회 공헌 활동을 하는 그 기업의 '자신만의 스토리'가 있었다. 그 스토리가 시민들에게 감각되어 그들의 경험으로 남는 것이다. 자신만의 스토리로 꾸준히 오랫동안 진행하다 보면, 시민들의 머릿속으로 스며드는 스토리가 된다. 그것이 바로 감각이며 경험이다. 대표적인 사례로 시민 패널들은 45년간 이어져 오고 있는 디즈니의 'Make-A-Wish', 1999년부터 선천성 대사이상 환아를 위해 특수 분유를 생산해 온 매일유업의 활동을 그 예로 꼽았다.

국내 유일 선청성 대사이상 환아를 위한 특수 유아식 생산(8종 12개 제품) (사진=매일유업 홈페이지)

저는 사회 공헌 활동이 얼마나 진정성을 가지고 있는지를, 우리 사회가 관심을 갖지 않는 분야에 얼마나 주목하는지, 그리고 얼마나 적절하게 자원을 투입하는지를 보고 판단하는데요. 단순 취약 계층 혹은 소외 계층 지원을 넘어 이러한 고민이 담긴 카카오의 사회 공헌 활동에서 그런 부분들을 많이 느껴요. _김강현/시민패널 열트친, 30대, 남.

최근 가장 기억에 남는 사회 공헌은 디즈니 사의 'Make a Wish' 활동입니다. 이 활동은 병을 앓고 있는 아이들을 대상으로 시행되고 있습니다. 디즈니는 1980년부터 활동을 이어 오고 있으며, 15만 명의 어린이의 소원을 이루어 주었습니다. 이 외에도 어린이 병원을 지원하고, 어린이에게 선물을 전달하

고, 디즈니 캐릭터들이 직접 병원에 방문하는 활동을 했습니다. 또 인상적이었던 점은, 소원을 갖는다는 것이 아이들에게 병을 이겨낼 수 있는 힘을 준다는 점이었습니다. 이 활동이 디즈니가 가장 잘할 수 있는 활동이라고 생각했고, 어쩌면 오직 디즈니만이 할 수 있는 것이라고 생각했습니다.

_유현재/시민패널 열트친, 20대, 남.

그리고 이러한 활동은 기업의 브랜드가 되기도 한다. 대표적인 사례는 유한킴벌리의 '우리 강산 푸르게 푸르게' 캠페인이다. 많은 시민이 이 캠페인을 인지하고 있고, 그래서 기업의 브랜드가 된 대표적인 활동으로 자리잡았다.

모토를 하나를 가지고 쭉 가는 기업이 아직까지는 유한킴벌리밖에 없는 것 같아요. '우리 강산 프로젝트'. 그게 진짜 몇십 년 된, 그렇게 뭔가 지속 가능한, 지속 가능성이잖아요? 어떻게 보면 한 개를 꾸준히 간다는 게. _신유리/시민패널 열트친, 30대, 여.

'우리 강산 푸르게 푸르게'는 [CEO가 바뀌어도] 영원히 남아 있으니까… 아니, 그게 지금 몇십 년이 지났는데, 아직도 그걸 뛰어넘는, 비벼볼 만한 것도 안 나오잖아요? 앞으로도 안 나올 것 같은데… _최한결/시민패널 열트친, 30대, 남.

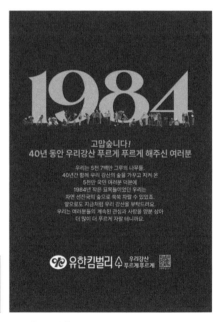

유한킴벌리, "우리강산 푸르게 푸르게" 40주년 인쇄광고

과거부터 오랫동안 지속해 왔으며 계속 진행하고 있는 사업에 대해서 새로운 사회 문제에 잘 대응하지 못한다는 비판도 있다. 이러한 현상은 『기부트렌드 2024』에서 살펴보았듯이 기업들이 ESG에 대한 관심이 집중되면서 사회 공헌 예산을 축소하거나 재조정하는 상황과 관련이 있다. 한편으로는 신규 사업을 할 자금이 없는 상황에서, 기존에 잘해 왔던 사회 공헌 사업을 굳이 바꿀 이유가 없다는 고민이 있다. 진정성을 토대로 지속적인 브랜드 사업을 유지하는 것이 긍정적인 면도 분명히 존재하지만, 시대가 변하면서 새롭게 등장한 중요한 사회 문제에 어떻게 선제적으로 대응할 것인지에 대한 고민도 필요하다는 지적이 나오는 이유이다.

> 전통적인 건 나쁘지 않았어요. 너무 잘했어요. (중략) 그래서 그냥 되게 오랫동안 하는 거죠. 그리고 우린 보통 언론에서도 계속 지속인 사회 공헌, 그게 인제 뭐 5년, 10년이 되면 더 부가가치가 높고 20년을 해 왔다, 그러면 우리는 그 지속성을 중요하게 생각하잖아요. 지속성이 진정성이라고 생각하니까 사회 공헌 프로그램이 잘 안 바뀌는 것 같아요. 돈이 있으면 신규 사회 공헌 프로그램 생기겠죠. 근데 그게 없으니까 기존에 해 왔던 사회 공헌을 굳이 바꾸려고 하지 않는 거죠.
>
> _한수경/ESG 컨설팅, 40대, 여

브랜드 경험을
일관되게 연결하다

정보의 홍수 속에서 기부자의 감각에 닿기 위해 대형 모금 기관을 중심으로 브랜드 마케팅이 대세를 이루고 있는 가운데, 다른 한편으로는 언제, 어디서나, 기부자의 기부 감각을 다방면에서 연결하기 위한 '옴니채널Omnichannel' 기부가 주목받고 있다. 이를 위해 모금 기관들이 기부자를 만나기 위한 다각화된 채널을 구축하는 경향도 관찰된다. 이러한 기금 모금 방식을 '옴니레이징Omni-raising'이라고 명명하고자 한다

옴니채널 기부: 언제, 어디서나, 경계없는 기부 경험

마케팅 분야에서 매장, 온라인, 모바일, SNS 경로를 넘나들며 상품을

검색하고 구매할 수 있도록 하는 쇼핑 환경을 옴니채널이라고 한다.[41] '모든'을 뜻하는 '옴니Omni'와 유통 경로를 뜻하는 '채널channel'의 합성 어인 옴니채널은, 기존 멀티채널 개념과 달리, 한편으로는 고객을 중심으로 다른 한편으로는 일관된 브랜드로, 모든 채널을 통합하고 연결하여 브랜드 경험을 제공하는 마케팅 전략을 가리킨다. 옴니채널에서 고객들은 여러 채널들 사이를 교차하며 경계없이 이동하여 브랜드를 만난다. 옴니채널의 핵심 전략은 구매의 과정이 언제, 어디서나, 경계없이, 중단없이 이루어질 수 있도록 하는 것이다.

이러한 옴니채널 전략은 비영리 조직에서도 관찰된다. 다수의 비영리 조직은 기부자와 소통하는 SNS, 유튜브, 이메일이나 문자 메시지, 이벤트 등 모든 커뮤니케이션 채널과 모금 채널을 포괄적으로 통합하는 채널 전략을 지향하고 있다. 기부자와 소통할 수 있는 여러 커뮤니케이션 채널의 특성과, 기부자의 관심사와 취향을 혼합 반영하고자 하는 노력이다.

'물성 매력'도 옴니채널에 기부의 즐거움을 더한다. 콘텐츠에 물리적 실체를 구현하여 사람들이 만져보고 소유하고 체험하게 하는 '물성매력'은 최근 사회적 트렌드이기도 하다.[42] 앞의 2장에서도 살펴본 바 있는 기부와 건강 관리를 결합한 〈기부런〉, 기부와 환경 보호를 결합한 〈플로깅〉 등은 흔히 찾아볼 수 있는 기부자 참여 행사로 자리잡은 지

---

41 필립 코틀러, 『필립 코틀러의 마켓 4.0』, 더퀘스트, 2017.
42 김난도 외, 『트렌드 코리아 2025』, 미래의 창, 2024.

오래이고, '팝업스토어'도 여럿 눈에 뜨인다. 과거 모금 조직의 오프라인 이벤트는 바자회나 후원 주점같이 직접적인 기부 수입이 발생하는 행사가 주를 이루었지만, 이제 많은 모금 조직이 기부 행위를 체험하고, 만져보고 소유할 수 있도록 다양한 오프라인 이벤트를 확장하고 있다.

> 기부가 온라인에서 그치는 게 아니라 오프라인 행사로까지 이어지면 좋을 것 같습니다! 최근에 많이 진행하는 마라톤 행사, 플로깅 행사, 팝업 행사 등에 정기, 단기 기부자들이 참여할 수 있도록 하면 좋을 것 같아요. 그러면 단순히 계좌에서 돈이 빠져나가는 것으로 본인의 기부를 확인하는 것이 아니라, 실제로 온몸으로 기부하고 있다는 사실을 더 잘 느낄 수 있을 것 같고, 기부가 지속되도록 도울 수 있을 것 같아요.
>
> _최준희/시민패널 열트친, 20대, 여.

> 그분[인플루언서]과 함께 저희가 같이 걷는 행사를 진행했어요. 의미 있고 많은 사람들이 참여했고 바이럴도 많이 됐거든요. 장애인들도 많이 와서 같이 걷고, 매칭 그랜트로 기부도 하도록 진행했어요. 앞으로 그런 캠페인을 많이 하려 해요. 바자회도 너무 성공적으로 끝났고요. 그런 오프라인 이벤트도 내년에는 더 강화할 거고, 올해도 많이 했었고요.
>
> _김형진/모금활동가, 40대, 남.

인권재단사람. 든든한119클럽

'사진' '카메라' '일상' 이라는 물성과 '뉴트로'를 이용한 캠페인.

든든한 119클럽 기부자는 일상에서 핸드폰 촬영 시 활용할 수 있는 투명포토카드(포카)를 굿즈로 받고, 핸드폰 촬영 원데이클래스에 참여할 수 있다. 포카를 이용한 사진을 SNS에 업로드하는 대회를 개최하여 우승자에게는 필름 카메라를 선물로 줬다.

모금 조직과 기부자와의 관계 맺음은 온라인과 오프라인을 넘나들고 있다. 많은 조직에서 온라인 캠페인에 참여한 기부자를 오프라인 행사로 연결하여 관계 강화를 시도하고, 오프라인 행사의 참여자에게 온라인으로 소통하며 기부를 요청하는 방식을 활용한다. 인권재단사람의 〈든든한 119클럽〉은 옴니채널에 '팬덤', '아보하', '뉴트로' 요소를 첨가한 캠페인이다. 5천 원의 일시 기부로 클럽에 가입한 기부자들은 '투명포토카드(포카)'를 굿즈로 받는다. '투명포토카드'는 아티스트의 사진을 인쇄한 투명한 플라스틱 카드로, 팬덤에서 많이 활용하는 굿즈이다. 팬들은 포카와 음식을 함께 사진으로 찍어 소셜 미디어에 올리며

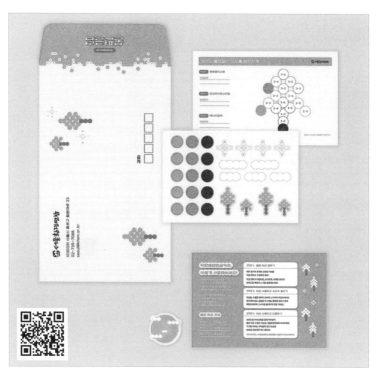

서울환경연합 불편클럽.
2025원을 일시후원한 기부자는 키트를 굿즈로 받고,
일상에서 의미 있는 행동을 독려하는 이메일을 주 1회 받는다.

팬덤과 관심사를 공유한다. 119클럽은 '든든하잖아' 라고 쓰여진 포카와 자신을 든든하게 받쳐준 존재와 함께 사진을 찍어 SNS 올리도록 요청하고, 우승자에게는 필름 카메라를 선물로 준다. 뿐만 아니라, 일시 기부자들은 사진을 더 잘 찍을 수 있도록 '핸드폰카메라 원데이 클래스'에 참가할 수 있다. 캠페인의 주요 타깃 집단인 젊은 세대가 재미를 느끼고, 일상에서 지속적으로 소통해 나가기 위함이다.

서울환경연합의 〈불편클럽 캠페인〉도 2,025원을 일시 기부한 기부자들에게 일상에서 환경을 실천하기 위한 키트를 제공한다. 기부자는 불편함을 실천할 때마다 스티커를 붙이며 키트를 꾸미고, 매주 이메일로 참여에 도움되는 정보를 받는다. 온라인 기부자들에게 자신이 속한 커뮤니티나 일상에서 만져보고 체험할 수 있는 물성을 제공하는 것은 당사자의 기부 감각 유지에 큰 역할을 한다. 오감을 이용하여 브랜드를 경험한 기억은 구매를 결정짓는 과정에 영향을 미쳐, 그때의 감각이 곧 브랜드의 정체성이 된다고 한다.[43] 시민 패널은 이 같은 오프라인 참여가 기부를 쉽고 즐겁게 해 준다고 말한다. 오프라인 행사나 물성으로 사업을 체험한 기부자는 모금 조직이 전달하고자 하는 감각적인 콘텐츠를 브랜드로 기억하면서 기부 지속의 동기를 강화한다. 기부자들은 기부의 온-오프라인 혹은 온-온라인 등 기부의 옴니채널 환경에서 비영리 조직과 지속적인 관계를 맺는다.

모금 채널을 다각화하는 대형 조직

기부자들과 언제, 어디서나, 경계없이 만나고자 하는 모금 조직은 과거에는 활용하지 않았던 채널들까지 시도하는 양상을 보이고 있다. 잠재기부자들이 정보를 취득하는 경로가 예전보다 다양해졌기 때문에, 모금 조직의 메시지를 효과적으로 전달하기 위한 채널 다각화의 중요성

---

43 "온몸으로 브랜드를 기억하게 하는 방법, '오감 마케팅'", <소비자평가>, 2022. 4. 6.

이 커지고 있다. 이미 팬데믹 기간 동안 많은 모금 조직이 온라인 모금에 뛰어들며 다각화를 시작했다. 2023년 이후 그들은 본격적으로 대면 활동을 재개하며 기부자와 만날 수 있는 접점을 활발히 확대하고 있다. 채널 포트폴리오를 다각화하는 것이 모금 비용의 효과성 개선에 직접적인 영향을 주지는 않지만, 투자할 여력이 되는 모금 조직은 활용할 수 있는 모든 채널을 동원해서 기부자들에게 자신을 노출시켜 브랜드 인지도를 높이는 전략을 펼친다.

한동안 중단했던 채널을 재개하는 경우도 눈에 띄었다. TV 방송은 OTT와 디지털로 이동하는 시청자의 변화로 모금 채널에서 배제되는 경향이었지만, 2024년 대형 조직들은 다시 TV 방송에 관심을 기울이고 있다. 뿐만 아니라 거리 모금을 고려하지 않았거나 중단했던 모금 조직들도 다시 거리 모금을 시작했거나, 계획 중이다.

> 올해부터 저희는 '텔레톤'[44]이라는 걸 시작을 했어요. 그래서 채널 안에서도 하나에 집중했던 거를, F2F(거리회원모집) 같은 경우도 여러 가지로 다양화해서 시도를 많이 했고, 디지털 캠페인도 일시 캠페인이나 정기 캠페인 등으로 다양화하고, 타깃에 맞게 캠페인을 만들었습니다. _김형진/모금활동가, 40대, 남.

> 온라인은 다른 NGO보다 저희가 좀 잘하는 편인데, 물론 절

---

44 '텔레비전+마라톤'의 합성어. 수 시간 이상 지속되는 텔레비전 모금 행사.

대적인 숫자는 다른 대형 NGO들이 더 높아요. 저희는 그것보다는 약간 낮지만 온라인에만 편중돼 있는 정기 기부 개발 포트폴리오가 문제가 심각하다, 이거를 다각화해야 된다, 라고 해서 F2F(거리회원모집)를 과감하게 시작했어요. 그리고 DRTV(TV모금)라는 것도 저희는 한 적이 없었는데, 올해 처음 시작했고요. _조상준/모금활동가, 40대, 남

요즘은 정말 할 수 있는 건 다 하는 것 같아요. 새로운 방법을 찾았다기 보다는, 메이저 단체에서 F2F부터 지금 거의 다 시작을 하고 있어서 모든 방법을 다 쓰고 있는 것 같고… 그다음에 기술적인 부분에 있어서는 어느 정도 좀 평준화가 된 것 같고, 그 평준화에서 튀어오르는 거는 결과적으로는 콘텐츠 차이밖에 안 나는 것 같습니다. _차은빈/활동가패널 열트메, 40대, 여

저희 재단은 통합 앱을 개발하고 있어요. (중략) 매장을 이용하시는 분들, 멤버십이라든지 관리를 1단계에서 시작하고, 거기를 통해서 후원자 모집도 하고, 이런 통합적인, 전체적인 시스템을 하나로 만들려고 하고 있더라고요. 그게 앞으로 어떻게 시행이 될지에 따라서 저희 재단 방향, 모금에 대한 방향도 조금 바뀔 것 같고. _황명호/활동가패널 열트메, 30대, 남.

여전히 뜨거운 대면 모금

거리 모금은 시민들이 가장 싫어하는 모금 방식 중의 하나이다. '다단계 같다, 사기꾼 같다, 불쾌하다' 등 기부자들은 매우 적극적으로 거리 모금에 대한 부정적인 감정을 표출한다. 그럼에도 불구하고 재원 마련이 절박한 상황에서 대면 모금 방식을 통한 기부자와의 접촉이 다시 떠오르고 있다. 실질적인 만남을 통해 짧은 시간 안에 친밀감을 높이고, 개별화된 메시지를 전달할 수 있는 장점이 있기 때문이다. 즉 직접 얼굴을 보고 눈빛을 교환하며 이해시키는 과정에서 성과가 있다고 보는 것이다.

기부라는 인식이 사회 전반적으로 계속 부정적으로 가고 있잖아요. 그러고 있기 때문에 사람들한테 영상이나 미디어를 통해서 잠깐 보여주는 거로는 뜨거워지지 않는 것 같아요. 그래서 직접적으로 만나서 대면으로 해서 계속 설명하고 설득시키고 이해시키고 하는 게 오히려 성과가 더 좋았다고 얘기를 하더라고요. _노현성/모금기관 근무, 40대, 남

이제 F2F(거리회원모집)를 쉽게 버릴 수는 없잖아요. (중략) 굉장히 오랫동안 조직의 대중 모금을 탄탄하게 세팅했던 거기 때문에, 인하우스만 고집하는 거에 대한 고민, 필요한 것 같다는 생각이 저는 들어요. 그 채널을 버릴 수가 없으면… 어쨌든 에이전시를 썼을 때 그 에이전시는 그 몫 이상 해 오긴 하거든

요. _장원준/활동가패널 열트메, 30대, 남.

모금의 방식으로서 대면 모금은 모든 단체가 적용하기에는 한계가 있다. 인력 관리 혹은 대행사 비용, 기부자들의 부정적인 인식, 높은 경쟁, 낮은 기부 유지율 등 대면 모금이 해결해야 할 과제가 많기 때문이다. 대면 모금을 집행하고 있는 실무자들은 이러한 한계를 절감하고 있어 고착화된 대면 모금의 방식을 고민해야 한다고 이야기한다. '직접적이고 생생한 소통'이라는 대면 모금의 장점은 살리되, 기존의 과제를 해결할 수 있는 모금 방식을 찾는 것은 모금 조직에게 여전한 숙제다.

> 여전히 대면 모금을 통해 후원자 유입은 굉장히 많은데, 이전과는 다르게 10대, 20대에만 국한되어 있다 보니 30대 이상의 경제 활동이 가능한 시민들의 대면 모금은 정말 유입이 어려운 상태입니다. 이러한 상황이다 보니 10대, 20대 후원자들이 개발은 되지만, 실질적으로 후원금이 납부가 되는 경우가 50프로도 안되다 보니, 질적인 후원 개발이 어려운 상태입니다. 더불어 대면 캠페인을 하는 에이전시들이 다시 많아지면서 캠페인에 대한 부정적 인식과 과도한 경쟁으로 어려움이 발생하고 있습니다. 캠페인을 통한 대면 모금의 한계가 명확한 상황에서 오히려 여러 NGO 재단들은 대면 캠페인을 다시 시도하려는 모습이 보이고 있어, 대면 모금에 대한 방향성이나 정체성에 대한 고민이 들기도 합니다. _황명호/활동가패널 열트메, 30대, 남.

디지털 기반 모금, 필요성 대비 낮은 효과

온라인 모금은 소규모 조직들이 활로를 찾기 위한 대안으로 여겨졌다. 오프라인 행사나 기획에 비해 비용이 적게 들고, 기부자 혹은 후원자들과 만나기 위한 허들이 낮다고 판단된 까닭이다. 활동가 패널로 참여한 모금 기관 실무자들은 디지털의 장점과 효과성을 인지하고 있어, 향후 확대해야 할 채널로 모두 디지털 기반 모금활동을 꼽기도 했다.

하지만 온라인 모금이 소규모 조직들에게 유리하기만 한 대안일까? 〈해피빈〉 모금의 경우 가장 진입장벽이 낮은 디지털 기반 모금방법이다. 해피로그Happy log 이용자는 별도의 홍보 비용을 들이지 않고 해피빈이 제공하는 양식을 이용해 콘텐츠를 올릴 수 있다. 그러나 실제 모금 결과는 어떨까? 2024년 10월 11일 기준으로 진행되고 있는 모금함 719개를 대상으로 분석한 결과, 일일 모금액에 유의미한 영향을 미치는 변수는 총 사업비, 댓글 수, 기존 모금액, 대상(아동청소년)으로 확인되었다. 발견된 경향은 아래와 같다.

> 1. 총사업비(모금프로젝트 규모)가 100만 원씩 클수록, 일일 모금액이 3,672원 증가하는 경향이 있다.
> 2. 댓글 수가 1개씩 많을수록, 일일 모금액이 2,906원씩 증가하는 경향이 있다.
> 3. 기존 모금액이 1억씩 커질수록 일일 모금액이 2,600원 증가하는 경향이 있다.

4. 아동청소년 대상 모금프로젝트가 다른 프로젝트보다 일일 모금액이 39,012원 높은 경향이 있다.

위의 경향성을 감안할 때, 비용이 들지 않는 해피빈도 대형 모금 조직에게 유리하게 진행될 가능성이 크다는 사실을 알 수 있다. 모금 조직의 역량이나 규모가 클수록 모금함이 활성화되고, 모금액도 높은 것이다. 또한 중소 조직은 콘텐츠 제작의 질을 높이거나, 이슈가 터졌을 때 빠르게 대응할 수 있게 준비가 되어 있지 않은 경우가 많기 때문에, 사회적 이슈와 맞물리는 기회가 생겼을 때에도 노출의 우선순위에서 밀리게 된다. 모두가 동일한 양식을 사용하더라도, 실제 결과를 살펴보면 성과에 차이가 있음을 알 수 있다.

중소 규모 조직의 실무자들은 조직이 가진 자원으로 디지털에서 효과를 내기 어렵다고 말한다. 소셜 미디어를 통한 모금 홍보를 하더라도, 팔로어들의 숫자가 적어 알고리즘에 노출되기 어렵다. 앞으로의 방향성은 역시 디지털이지만, 어떻게 효과성을 낼 수 있을지 의문이다. 한편으로 조직의 특성상 온라인 접근을 어려워하는 디지털 약자들이 주요 잠재 기부자인 경우도 존재한다. 이런 현실을 종합해 보면, 소규모 조직이 온라인을 잘 활용하는 것도 중요하지만, 오프라인과 어떻게 연결할 것인지, 그리고 조직의 장점이 발휘될 수 있는 디지털 공간이 어디인지를 슬기롭게 찾아 봐야 할 필요가 있다.

F2F(거리회원모집)가 아니더라도 TM 방식(전화 모금)을 연계할

때에도 디지털 기반이 꼭 필요하기 때문에 다양한 시도들을 하고 있어요. 대형 NGO에서는 이미 다양한 온라인 캠페인을 하고 계셔서 노하우가 많으시겠으나, 저희는 그 정도 규모의 기관은 아닌 터라, 아직 온라인 캠페인에서의 다양한 시도를 통해 경험을 쌓는 중이에요 _김유정/활동가패널 열트메, 30대, 여.

디지털 기반 모금 채널의 확산에 들어가는 예산의 부재, 디지털 기반 모금채널 운영 담당자 지정 및 방향성 확정의 어려움, 기타 내부적인 이유로 현재 진행하고 있는 수준에서는 더 늘어나진 않을 것 같으며, 늘어나더라도 다른 모금 채널(오프라인 등)의 후순위로 늘어나는 수준일 듯 보입니다.

_김상원/활동가패널 열트메, 40대, 남.

지역 사회에서는 젊은 연령층보다 고연령층이 많아서 홈페이지를 보고 바로 유선 연락하는 게 기부자 입장에서는 더 빠르게 느껴지시는 것 같아요. 그래도 다양한 접목을 통해 디지털 모금을 활성화해야 하는 건 필요하다고 느껴져요.

_이세나/활동가패널 열트메, 30대, 여.

기부자가 기대하는 디지털 기술

트렌드 연구에 참여한 시민 패널들이 트렌디한 기부로 생각하는 것 중의 하나는 디지털 기술, 특히 AI를 접목해 좀 더 쉽고 자주 기부할 수 있는 기부 시스템이었다. 이미 많은 기업에서는 방대한 데이터를 활용해 '맞춤형 서비스'를 제공한다. 그래서 기부자들은 마찬가지로 기부 영역에서도 핀테크 기술을 활용한 플랫폼과 원스톱으로 여러 기부처를 찾고 기부도 할 수 있는 플랫폼, AI의 기부처 추천 시스템 등이 활용되었으면 하고 바라고 있었다. 기부자들은 디지털에 친숙하고, 온라인을 통해 많은 것을 구매한다. 특히 한 플랫폼에서 유사한 여러 물건을 비교해 구매할 수 있는 원스톱 서비스에 익숙하기 때문에, 기부자들은 기부처 또한 한곳에서 정보를 찾고 비교할 수 있다면 좋겠다고 생각한다.

기부자들은 어떤 기부처에 기부하고, 어떤 플랫폼을 이용할지, 그리고 기부 문화 등 다양한 정보를 얻고 싶은데, 일목요연하게 정리되거나 하는 게 없어요. 의사결정에 도움이 되는 방향으로 AI가 활용된다면 기부자들이 조금 더 편하게 기부하거나 정보를 얻을 수 있을 것 같습니다. _박재진/시민패널 열트친, 30대, 남.

스마트 시대인 만큼 기부 방식이 디지털화되면 좋겠습니다! (중략) 본인이 원하는 기부 분야를 정하고, 만 원 단위로 충전해서 사용할 수 있는 카카오페이와 같은 곳에서 충전, 사용한 후에 남은 백원 단위의 돈은 기부하도록 하면, 처음엔 작은 돈이더라도 모이면 나중엔 큰 금액이 될 것 같아요! 그리고 기부 키오스크가 더 활성화되면 좋겠어요! 최근에는 결혼식장에도 축

의금 키오스크가 생기고 있다고 하더라구요. 이런 식으로 디지털화된 형식의 기부 모금함이 생긴다면, 좀 더 다양한 곳에 기부의 기쁨이 전해질 것 같아요. _최준희/시민패널 열트친, 20대, 여.

반대로 디지털 머니가 발달하는 상황에서 여전히 동전을 기부하라고 권하는 기부처에 대해서 부정적인 느낌을 받기도 한다. 특히 학교와 연계한 동전 기부나 저금통 기부는 시대를 따라가지 못하는 느낌을 줄 뿐 아니라 어린이들이 기부를 부담스럽게 여기게 만든다고 말한다. 과거 어린이들은 학교에서 하는 동전 기부나 저금통 기부로 기부를 일상에서 접하고 기부 문화에 노출이 될 수 있었지만, 지금은 오히려 이것이 기부를 부담스럽게 만들고 있다. 앞으로 미래 세대를 어떻게 기부 문화에 노출시킬 수 있을 것인지 고민스러운 지점이다.

"엄마, 이거 빵, 여기다가 동전 채워 오래. 얘(저금통)가 숙제가 됐어." 그럼 벌써 거기서부터 이 아이는 거부감이 확 생기는 거 같아요. 그런 식의 접근 방법은 이제는…. 이제 2025년이잖아요. 바뀌어야 된다고 생각해요. _이주은/개인기부자, 50대, 여.

저금통은 진짜 싫어요. 왜냐하면 저희가 사실 현금을 쓰는 일이 거의 없고. 근데 아이는 꼭 동전을 넣고 꽉 채워 가고 싶대요. 그러니까 저는 은행에 가서 바꿔 오거든요. 이게 진짜 잘못됐다고 생각해요. 저희가 아이들한테도 용돈을 줄 때 만 원짜리 혹은 5만 원짜리를 주지, 100원짜리 천 원짜리를 주지는 않거든요. (중략) 디지털 머니가 이렇게 발달돼 있는 상황에서 자꾸 동전을⋯ _권현영/개인기부자, 40대, 여.

한편 비영리 모금 캠페인은 영리 기업의 마케팅 형태로 고도화되고 전문화되고 있다. 대형 모금 조직들은 사업과 채널을 다각화하되, 메시지는 단순화시키고, 특정 사업을 브랜딩화 하는 마케팅을 확산하고 있는 추세다. 그러나 『기부트렌드 2025』 연구를 위해 만난 어떤 실무자도 성장을 이끄는 주도적인 채널이나 향후 확장 가능성을 보이는 새로운 채널을 언급하지는 않았다. 계속되어 온 모금 경쟁 심화와 한국 경제의 낮은 성장율이 이러한 현상의 근본 원인이긴 하지만, 실무자들은 어려움을 타개하기 위한 시도조차 허락되지 않는 분위기와 모금 비용 대비 기부 효과성에 대한 압박이 커지는 현실을 토로했다. 브랜드 인지도가 낮은 중소 규모의 조직일수록 한계를 더 체감하고 있지만, 조직 내부 의사 결정자들이 기존의 방법을 고수하고 있어 어려움을 느끼고 있었다.

지자체 중에서 가장 큰 성공을 거둔 충주시의 유튜브 채널은 타 지자체의 실패를 거꾸로 벤치마킹하는 영상부터 시작했다. 충주시의 홍보 담당자는 기존 기관의 실무자들이 결재를 통과하기 위해 – 영상을 보는 일반 시청자가 아니라 – 직속 상관의 마음에 드는 영상을 만들 수밖에 없었고, 이것이 낮은 조회수로 이어졌다고 말한다.[45] 모금 실무

---

45 김선태, 『홍보의 신』, 21세기 북스, 2024.

자들이 토로한 현실도 이와 크게 다르지 않아 보인다. 실무자들이 역량을 키우고, 이를 시도하는 것을 허용하고 투자하는 조직이 결국은 새로운 기회를 발견할 것이다.

이와 더불어 비영리는 진정성 있는 콘텐츠를 발굴하고, 빠르고 유연한 시도를 통해 새로운 기회를 발견해 나가야 한다. 기부자의 감각을 깨우고, 유지하고, 확장하기 위한 다양한 마케팅 기법이 비영리에도 도입되고 있지만, 실상 기부자가 비영리에게 영리 마케팅처럼 세련된 것만을 기대하지는 않는다. 기부자들은 기부를 감각하고, 체험하며 기부 효능감을 느낀다. 기부자들에게 '나의 진짜 기부'를 느끼게 하려면 진정성 있는 기부 스토리를 중심에 둔 소통이 필요하다.

5

감각의 연결 – 로컬 기빙과 소셜 임팩트

#로코노띠

#로컬기빙

#고향사랑기부제

#연합모금

#애국마케팅

#소셜임팩트

#임팩트투자

최근 뉴욕타임즈에서는 '세계에서 가장 외로운 나라 중 하나, 반려견에게서 동반자를 찾는다'라는 제목으로 한국의 반려견 문화를 다뤘다.[46] 이 기사의 초점은 반려견 문화이지만, '세계에서 가장 외로운 나라'라는 헤드라인은 최근 몇 년간 우리 사회의 모습을 그대로 방증하고 있다. 외로움과 고립이라는 키워드가 우리 사회를 뒤덮었던 만큼 저 헤드라인을 보며 고개를 끄덕이게 된다. 그래서일까. 내가 누군가와 연결되어 있다는 그 감각이 중요하게 되는데, 이는 기부에서도 마찬가지다. 나(또는 우리)와 '연결'되어 있는 이슈에 더 크게 반응하고, 기부를 매개로 연결이 되고 싶기도 하다. 이것이 바로 글로벌 이슈도 국내와의 연결을 강조하는 캠페인, 큰 단위의 범위보다는 로컬에 기부자들이 더 반응하는 이유이기도 하다. 또한 기부의 과정과 결과, 그리고 임팩트를 보면서 전 과정을 함께하고 있다는 느낌, 즉 연결감을 주기도 한다. 트렌드 5에서는 최근 주목받고 있는 로컬 트렌드와 임팩트를 중심으로 기부를 통해 나타나는 '연결감'을 살펴보도록 한다.

46 <One of the Loneliest Countries Finds Companionship in Dogs>, NYT, 2024. 10. 12

지역, 연결의 중심이 되다

최근 기부 문화의 변화 속에서 지역 중심 이니셔티브의 중요성이 더욱 부각되고 있다. 과거에는 글로벌한 이슈나 전국 단위 캠페인이 주목받았지만, 이제는 시민들 사이 직간접적인 연결, 지역 주민들의 연대감이 각자의 기부 감각을 연결하고 유지·강화하는 중요한 요소로 자리 잡고 있다. 애국심을 자극하는 기부 캠페인이라던가 해외 이슈임에도 한국과의 관계를 부각시키는 방식 등이 대표적이다. 이와 함께 로컬 중심의 모금이 활성화되면서, 지역 사회가 함께 힘을 모아 공동의 목표를 이루려는 경향이 강해졌다. 공동체의 중요성은 지역으로 인해 더 선명해지며, 사람들은 자신이 속한 지역의 발전에 기여하고자 하는 의지를 더욱 강하게 느끼고 있다. 특히 젊은 세대는 독특한 지역성에 대한 관심을 가지고, 이를 기반으로 한 기부 활동에 적극 참여하고 있다. 이러한 흐름은 기부 문화의 새로운 패러다임을 제시하며, 지역을 연결의 중심으로 자리매김하게 한다.

지역 특산품 소비하는, 로코노미 (국제
신문 카드뉴스) 다양한 로코노미 상품

로코노미, 로컬 '스토리'에 반응하다

로코노미Loconomy 트렌드가 인기다. 2023년 엠브레인 트렌드모니터의
'로코노미 활용 식품 U&A 조사'에 따르면, 성인 1,000명 중 87.7%는
'그 지역에만 있는 특산물을 발견하면 신선하고 재미있다'고 응답했고,
81.6%가 로코노미 식품을 구매한 경험이 있다고 답했다.[47] 또 로코노
미 제품을 구매한 이유로 '지역 특색이 반영된 점이 재미있어서'(49.6%,
중복응답), '특별한 경험이 될 수 있어서'(39.2%) 순으로 조사되었다. 게
다가 연령대가 낮을수록 로코노미 식품에 '특별한 가치'가 있다는 응
답이 높은 것으로 조사되어 20~30대의 로코노미 트렌드에 대한 관

---

[47] "'로컬의 새로운 얼굴, '로코노미'식품 지역의 가치를 담아내다", <엠브레인 트렌드모니터>, 2023. 3.

심을 유추할 수 있다.[48] 로코노미가 인기있는 이유가 무엇일까?

로컬local과 경제Economy의 합성어를 의미하는 '로코노미'를 단순히 생각하면 '지역 경제' 또는 '지역 상품', 지역 특산품을 판매하는 '로컬매장'으로 오해할 수도 있다. 그러나 젊은층에게 로코노미는 지역 특산품을 활용한 지역 경제 활성화를 넘어서는 개념이다. 로코노미는 지역의 제품과 서비스 그 자체가 아니라, 제품이 갖고 있는 지역의 문화와 전통, 즉 그 지역만의 '스토리'가 담겨있는 것을 말한다. 지역만의 스토리는 그 지역에 가야만 경험할 수 있는 이색적이고 특별한 경험과 연결되고, 그 덕분에 Z세대인 20대들에게 큰 인기를 얻고 있다.[49] 즉, 로코노미 트렌드의 밑바탕에는 그 지역에 가야만 경험할 수 있는 '특별한 경험', '특별한 가치', '재미'가 있고, 그것을 경험하기 위해 '굳이' 거기까지 힘들게 찾아가는 것이다. 트렌드 1에서 설명했던 '낭만'과 연결되는 지점이기도 하다. 비효율적이라고 보이는 것을 '굳이' 하는 것, 힘들게 그 지역까지 가서 '굳이' 직접 체험해 보고 오는 것, 이렇듯 로컬에 가야만 얻을 수 있는 재미와 특별함을 느끼는 것이 바로 로코노미 트렌드와 낭만 트렌드가 연결되는 지점이라 하겠다. 그러나 로코노미가 젊은층에게 소구력이 있는 것은 단지 특별한 재미와 경험 때문만은 아니다. 윤리적 소비와 가치 소비에 대한 선호가 높고, 사회적 책임성이 높은 MZ세대의 트렌드와도 잘 맞기 때문이다. 재미뿐만 아니라 가치까지도 동시에 추구하는 젊은층에게 로코노미 트렌드, 로컬 트렌드

---

48 "로컬음식뜬다… 유통가 사로잡은 '로코노미' [데이터로 보는 세상]", 매경이코노미, 2023. 6. 20
49 "로컬 스토리를 담아내는 로코노미Loconomy 트렌드", <은종성 브런치>, 2024. 3.

는 수용성이 그만큼 높다.

고향사랑기부제: '로컬'로 연결?

이러한 로컬 트렌드는 지역의 기부와 모금에서도 나타난다. 대표적인 것이 바로 2023년 1월부터 시행된 '고향사랑기부제'이다. 고향사랑기부제는 처음에 출향민을 대상으로 '나의 고향'에 기부하는 취지로 홍보가 되었지만, 지금은 로컬 트렌드에 힘입어 현재 거주하고 있는 곳이 아니면 모두 다 '고향'의 의미로 확대되고 있다. 실제로 고향사랑기부제는 거주지(주민등록 주소지) 외의 지방자치단체에 기부를 하면 세액공제와 답례품을 기부자에게 제공하고 있다. 10만 원을 기부하면 전액 세액공제와 3만 원 상당의 지역 특산품을 답례품으로 받을 수 있는 것으로, '10만 원을 기부하면 13만 원을 드린다', '연말정산 꿀팁'이라는 내용으로 전방위적 홍보를 진행해 왔다.[50]

고향사랑기부제가 시행된 첫해인 2023년, 모금 총액은 650억 6,600만 원으로 집계되었다. 51만 4,066명의 개인이 기부에 참여했으며, 연령대별로는 30대가 29%로 가장 높고, 40대(27%), 50대(24%), 20대 이하(11%)순으로 확인되었다. 1인당 평균 기부 금액은 12만 6,571원이며 기부자의 84%는 전액 세액공제 한도인 10만 원을 기부한 것으로

---

50 "연말정산 꿀팁 '고향사랑기부금' 10만 원 내면 13만 원 돌아온다", <고향사랑리포트>, 2023. 11. 26.

나타나, 세액공제가 고향사랑기부제 참여의 가장 큰 유인으로 보인다. 한편 기부금이 가장 많이 모금된 지역은 전남 지역(143억 원, 전체 모금액의 22%), 경북 지역(89.9억 원, 전체 모금액의 14%), 전북 지역(84.8억 원, 전체 모금액의 13%)으로 나타났다.[51] 2024년 11월 현재 고향사랑기부금액은 약 436억 원으로 전년 동기(약 382억원) 대비 114% 수준으로 나타나[52] 연말이면 전년의 기록을 갱신할 것으로 예상되고 있다.

한편 2024년 8월에 개정된 〈고향사랑기금에 관한 법률〉에 따라 기부 창구가 확대되고 2025년 1월부터는 기부금 한도가 기존 500만원에서 2,000만원으로 상향 조정된다. 기부 창구가 농협과 '고향사랑e음'에서 5개 시중은행과 민간 전용 플랫폼(기업)으로 확대되어 기부 편의성을 높이고 홍보를 확대하겠다는 것이 변화의 주된 골자이다.

그러나 현재의 고향사랑기부제가 로컬 트렌드를 반영하고 있는지, 즉 그 지역의 스토리와 문화, 독특성이 반영되어 있는지는 의문이다. 사실 고향사랑기부금을 모아 어디에 어떻게 쓸 것인지가 불투명하다는 비판은 시행전부터 있어왔다. 2024년 2월 특정 사업에 '지정 기부'가 가능하도록 변경되면서 이런 비판을 일정 부분 해소할 수 있는 장치를 마련했지만, 여전히 고향사랑기부제의 홍보 메시지는 '답례품'과 '전액 세액공제'이다. '초대박 이벤트', '답례품 추가 증정', '전국 최고 혜택'이라는 문구를 보면 '기부'에 대한 자치단체의 시각을 유추할 수 있다.

---

51 최예술 외, <국토정책브리프>, 제962호. 국토연구원, 2024. 4.

52 "'10만원 내고 13만원 혜택' 고향사랑기부, 시중은행 앱서도 가능", <한국일보>, 2024. 12. 1.

지역 이벤트 게시물 갈무리 (고향사랑e음 홈페이지)

지자체간 경쟁 속에서 어떤 답례품을 개발해야 할지가 고향사랑기부제를 담당하는 지자체 공무원의 주된 고민이기도 하다.

2024년 기부 편의성을 높여 고향사랑기부제를 활성화하기 위한 취지로 도입된 고향사랑기부제 민간 플랫폼은 급기야 온라인 쇼핑몰처럼 보인다. 홈페이지 상단에 노출된 메뉴의 첫 번째가 '답례품'이고, 메인 화면에도 답례품의 사진이 쇼핑몰처럼 전시되어 있다. 당연히 상품을 클릭하면, 상품에 대한 상세 페이지가 온라인 쇼핑몰처럼 자세히 제시되어 있다. 일본의 '고향납세제도'를 벤치마킹하듯이 일본의 전철을 그대로 따라가고 있는 상황이다. 그러다 보니 지역의 활동가들은 고향사랑기부제가 '기부'가 아닌 '장사'가 되는 것 같다고 말한다. 자꾸 무엇인가를 주면서 기부를 유도하는 것이 바람직한 방향인가에 대한 의문이 생긴다.

> 저는 그 취지 자체는 좋은데, 여기에서도 핵심적인 게, 제가 볼 때, 후원을 누군가가 했잖아요, 기부를 했잖아요. 100만 원

을 기부하면 이 사람한테 많게는 50만 원어치 뭐를 좀 해줘야 되는 거 아니냐, 기부를 자꾸 그렇게 피드백을 주려고 하면, 그거는 장사죠. 기부가 아니죠. 기부는 반대 급부가 어쩌면 없는 게 정상인데. 근데 그렇게 되려면 이제 시민 의식 문화가 굉장히 성숙해야 되겠지만, 그 방향으로 가야 되는 건 맞잖아요? 근데 처음에 시작하면서 뭘 하면서 자꾸 주려고 그러고. (중략) 저도 마찬가지지만 누구가 그렇게 줬는데 다음에 안 주면 서운해져버리는 거잖아요. _박지형/사회복지기관 근무, 50대, 남.

고향사랑기부제의 이러한 방향은 비영리 조직의 기부에도 영향을 미친다. 비영리 모금 조직은 기부의 의미를 되새기고 기부자와 기관, 수혜자를 연결하기 위한 취지로 굿 굿즈 good goods를 제공하고 있다. 그러나 굿즈 트렌드가 가속화되고 있는 상황에서 고향사랑기부제의 '답

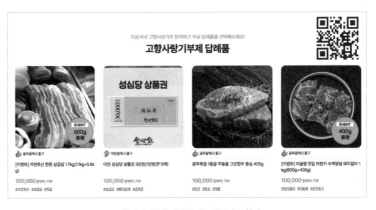

고향사랑기부제 민간 플랫폼 웹사이트 화면

례품 경쟁'은 비영리 모금 조직에게 더 큰 시름을 더해주고 있다. 기부를 하면 '무엇을 줄 것인지'를 묻는 기부자들 앞에서 모금가들은 방향성을 잃고 있는 것이다.

고향사랑기부제가 연결 수단으로서, 지역의 특성과 특색을 반영한 지역 문제를 선정하고 '기부'를 매개로 지역과 지역, 지역과 사람을 연결하는 것이 아니라, '10만원 기부하면 13만원 이득'이라는 메시지와 답례품 경쟁에만 매몰된다면, 이것이야말로 우리 사회의 기부 문화의 성숙을 저해하는 방해물이 될지도 모른다.

지역 사회를 연결하는 연합 모금

'연합 모금'은 지역 사회의 소규모 조직이 기부와 모금을 매개로 모이고 연결되는 흥미로운 사례다. 연합 모금은 함께 힘을 모아 공동의 목표를 이루기 위한 협력 방안으로 진행되고 있다. 일례로 사랑의열매에서 진행하는 연합 모금은 모금 활동에 어려움을 겪고 있는 작은 비영리 조직과 함께 진행하는 방식이다. 지역 사회의 소규모 기관 입장에서는 사랑의열매 로고 및 브랜드를 사용하여 공동 모금을 하는데, 모금액에 따라 사랑의열매가 인센티브(매칭금)를 지원하기 때문에, 지역의 작은 조직에게는 매력적인 방식으로 여겨지고 있다. 지역 주민의 대다수가 지역 사회의 소규모 조직은 잘 모르더라도 '사랑의열매'는 익히 알고 있다. 그래서 지역의 소규모 조직에게는 이 연합 모금이 '기특한 창구'로 여겨지고 있다.

> 연합 모금이 좋은 게, 사람들한테 지역아동센터에 보내라 하면 사람들이 '지역아동센터가 뭔데?'라고 하는데, 연합 모금 때는 '공동모금회에 후원해 주세요' 하니까 사람들이 모금회에 대한 인지도라든지 이런 게 있으니까 쉽게 후원해 주시더라구요. _문정연/사회복지기관 근무, 40대, 여.

심층 인터뷰에 참여한 경상도 지역의 지역아동센터장도 매년 지역아동센터연합회가 사랑의열매와 함께 연합 모금을 진행하는 사례를 소개했다. 어떻게 보면 같은 성격의 조직들이 함께하기에 '경쟁 상대'가

연합모금 사례
창원시 지역아동센터 포스터

될 수 있을 법도 하지만, 오히려 함께 모금함으로써 작은 지역을 넘어 광역도 단위로 영향력을 확장할 수 있다는 점에서 유용하다고 했다. 지역의 아동 문제를 함께 바라보고 그것을 함께 해결하기 위해 공동으로 활동하게 되니, 같이 참여한 기관이 경쟁 상대가 아니라 협력 상대가 되는 것이다.

지역 사회가 공통의 목표를 향해 모금과 사업을 함께 진행한 사례로 '전주함께라면'이 있다. 전북 전주시의 6개 사회복지관(평화, 전주, 학산, 전북, 선너머, 큰나루종합사회복지관)이 무인 라면 카페 '전주함께라면'을 오픈했다. 이는 전주 지역의 사회적 고립문제, 대표적으로 장기 운둔형 고립 가구를 발굴하고 지원하는 것이 목적이었다. 복지관 내에 있는 무인 라면 카페에서 누구나 무료로 라면을 먹을 수도 있고 라면을 놓고 갈수도 있으며, 입구에 비치된 모금함에 라면을 먹고 원하는 만큼 기부할 수 있게도 만들었다. 2023년 7월부터 약 1년 동안 전주 평화사회복지관에서 시범 운영한 결과, 1,700명의 지역 주민이 카페를 이용하고, 그중 42가구를 실제 지원 대상 가구로 발굴하는 성과를 얻기도 했다.[53] 이로 인해 전주시고향사랑기금 1호 사업으로 채택되기도 했고, 개인과 기업의 라면 기부가 이어지고 있으며, 지역 대학교 내에서 '전주함께라면'과 연계하여 '청년행복할지도' 캠페인을 진행하기도 하는 등 지역 사회의 호응이 상당히 높다.[54]

---

53 "'라면 먹고 갈래, 놓고 갈래'… 위기가구 발굴나선 전주시", <경향신문>, 2024. 7. 11.

54 "라면을 매개체로 복지 약자를 발굴하는 무인복지관 '전주함께라면'", <대한민국정책브리핑>, 2024. 11. 6.

"전주함께라면" (대한민국정책브리핑)

'전주함께라면'의 사례는 '지역'을 중심으로 사람과 자원이 서로 연결되는 것이 무엇인지를 보여준 대표적인 사례이다. 지역 사회의 복지 문제를 함께 해결하기 위해 다양한 지역복지관이 협업하고, 자치 단체가 함께 참여하고, 지역 사회의 다양한 구성원들이 십시일반의 뜻을 모은 대표적인 모범 사례. 이러한 연합 모금은 단순한 자금 모금을 넘어, 지역 사회의 문제를 해결하고 공동체의 유대를 강화하는 데 중요한 역할을 하고 있다. 이렇듯 지역이 단순한 기부의 대상이 아닌 연결의 중심으로 자리매김하면서 지역의 모금 감각 또한 깨어나고 있다.

지역의 기부 감각을 깨운 또 하나의 사례로 울산 광역시 동구 노인복지관에서 진행한 '명덕마을 후원맛집 스탬프 투어' 행사가 있다. 명덕마을 내 27개의 식당 상인들과 함께 후원 협약을 맺고 진행하는 방식이다. 스탬프 쿠폰을 완성하면 기념품으로 현대예술관 영화관람권을 제공하고, 각 식당은 스탬프 1개당 1천원의 후원금을 복지관에 기부하게 된다. 후원금은 겨울철 어르신들의 난방비로 사용되어 지역 내에

명덕마을 후원맛집 스태프투어

서 선순환하게 된다. 기념품인 현대예술관 영화관람권은 울산에 위치한 HD현대중공업에서 지원하는데, 기업의 사회 공헌과 복지관의 기부 캠페인, 그리고 지역 상인들의 상생이 서로 연결되어 지역의 '기부 감각'을 퍼뜨리는 좋은 사례라고 볼 수 있다.

이처럼 지역 내 비영리 조직과 지자체의 연합이든, 지역 내 상점 및 기업과 비영리 조직의 연합이든, 연합 모금은 단순한 자금 모금을 넘어 지역 사회의 문제를 해결하고 공동체의 유대를 강화하는 데 중요한 역할을 한다. '함께'함으로써 지역의 기부감각이 깨어나고, 연결감이 강화되는 것이다.

글로벌보다는 로컬

최근 기부 문화를 살펴보면, 로컬 중심 기부 사례들이 더욱 늘어나는 추세다. 모금 단체의 공동 활동이 모금 감각을 연결하는 것처럼, 지역 주민들의 연대감 역시 각자의 기부 감각을 서로 연결한다. 넓은 측면에서 애국심과 연결된 기부 캠페인은 전세계에서 대한민국을 중심으로 뾰족하게 연결된다. 애국 또는 한국과의 관련성을 강조하는 기부 콘텐츠는 세계 시민으로 살아가는 우리나라 국민들의 관심을 지속적으로 얻고 있는 대표적인 사례이다. 『기부트렌드 2024』에서도 다룬 바 있는 튀르키예 지진과 모로코 지진의 상반된 모금 성과는 글로벌 모금 이슈가 우리나라와 얼마나 직접적인 관련성이 있는지에 의해 크게 영향을 받음을 보여준다. '형제의 나라 튀르키예'라는 수식어가 결국 튀르키예 지진 모금의 성공을 설명해 주는 핵심 키워드였던 것이다.

이러한 경향은 2024년에도 지속되고 있다. '형제의 나라 에티오피아'와 '같은 민족 고려인'을 대상으로 한 모금이 대표적이다. 고려인 기부의 경우, 2000년대 광주광역시 고려인 마을 설립을 시작으로 고려인에 대한 인식의 변화와 기부가 이어졌다. '고려인 기부'가 다시 주목받았던 배경에는 많은 이유가 있지만, 대표적으로 2022년 발발한 러시아-우크라이나 전쟁이 거론되고 있다. 2024년 5월 'SBS 희망TV'는 한 비영리 모금 조직과 함께 전쟁을 피해 한국에 입국했으나 정착하지 못하는 무국적 고려인과 그 자녀들의 사연을 다루고, 무국적 고려인의

형제의 나라 에티오피아 모금

국적을 찾을 수 있게 돕는 캠페인을 진행하고 있다.[55]

3.1런, 8.15런도 '애국심'과 연결한 기부 캠페인으로 매년 시민들에게 좋은 반응을 얻고 있는 대표적인 사례다. 물론 에티오피아 참전 용사나 고려인 기부, 3.1런, 8.15런은 새로운 캠페인이 아니다. 그럼에도 불구하고 이런 애국 관련 캠페인은 기부자들에게 호응이 매우 높다.

인스타에서 보면서 그… 션 맞죠? 그분이 독립유공자 어렵게 사시는 분들 집을 지어주는 거. 이제 8.15 때도 아마 그걸 대대적으로 캠페인을 벌여서 하고 있더라고요. (중략) 저는 우연

---

55 "'SBS 희망TV' 고려인 이주 160주년 맞아 무국적 고려인 문제 재조명", <열린뉴스통신>, 2024. 5. 23.

고려인 후원 캠페인

히 그걸 보면서, 이게 정부가 해야 될 일을 이렇게 일반 민간
단체에서 저렇게 해주고 있구나, 참 뜻깊은 활동이다…. 굉장
히 감동했고, 참여하려고 이렇게 봤더니, 의외로 정말 엄청 열
기가 많더라고요. 신청했지만 예약이 다 차서 못했어요.

_김윤영/시민패널 열트친, 50대, 여.

예를 들어서 참전 유공자분들요. 보훈회관에서 음식을 해드린
다든지, 그런 부분에 대해서는 이게 정치 성향 상관없이 하나
의 의미가 있는 행위인 거 아닌가. 그래서 그런 데에 대해서는
1만 원 정도는 제가 소액으로 기부를 하게 되더라고요.

_윤서준/시민패널 열트친, 30대, 남.

이처럼 시민들이 왜 유독 우리나라와의 관련성을 강조하는 콘텐츠에 반응하는지, 소위 말하는 애국 마케팅에 반응하는지는 생각해 볼 필요가 있다. 나와 직접적인 연결이 있다거나, 내 주위에 가까이 있는 이슈에 더 쉽게 감각하고, 반응하며, 더 공감하는 것은 '인지상정'이다. 애국 감각도 마찬가지 성격이 있다. 그러므로 이런 감각에 연결되는 기부 콘텐츠, 그리고 그 연결 지점이 결국 사람들의 기부 감각을 깨우고, 강화하고, 확장하는 데 기여하는 부분이 분명히 존재한다. 그러나 다른 한편으로 나와 직접적인 관련성이 있어야만 반응한다는 것은 걱정스러운 일이고, 그것을 마케팅의 주요 수단으로 노골적으로 드러내는 행위는 눈살을 찌푸리게 한다. 비영리 모금 조직이 캠페인을 진행할 때 어떤 메시지를 전달할 것인지가 그래서 더욱 중요하다.

예전에는 막 깔창 기부, 뭐 이런 말 하기 전에 세계 시민 교육, 글로벌 세계 시민 강조를 했는데, 어느 순간부터 그런 말 아무도 안 쓰잖아요. _장인주/온라인기부 플랫폼, 40대, 여.

소셜 임팩트,
기부 감각을 확장하다

감각은 정신 작용이며, 사람들의 가치관, 의식, 의지, 그리고 행동에 영향을 미친다. 기부 감각도 마찬가지다. 그 영향력을 높이기 위해 한편으로는 자극적이지는 않더라도 지속적이고 반복적인 기부 경험이 필요하다. 다른 한편으로는 더 강한 경험에 의해 기부 감각을 강화하는 것이다. 그것이 임팩트다. 어떤 기부자는 지속성 있는 기부를 통해 기부 감각을 강화하지만, 상당수의 기부자는 임팩트를 확인하면서 기부 감각을 강화한다. 임팩트에 대한 관심이 어제 오늘의 일이 아니지만, 기부자들이 단순한 성과나 결과가 아닌, 임팩트를 원하는 것은 그것을 가시적으로 보고 느끼고 인지하고 싶어서이다. '임팩트를 보여달라'라는 기부자들의 요구는 기부 감각을 살갗으로 느끼고 싶다는 바람과 다름없다.

임팩트를 위해 경계를 넘나드는 다양한 플레이어들

기부가 우리 사회에 어떤 임팩트를 미쳤는지의 문제는 기부자 관점에서는 자신의 기부 활동을 통해 구체적으로 무엇을 이루어 냈는지의 문제와 직결된다. 또한 사회 문제가 복잡해지면서 이를 해결하기 위한 협력의 관계 역시 복잡해지고, 다층적 관계 속에서 역할을 수행할 수 있는 역량도 필요해졌다. 따라서 비영리 모금 조직뿐만 아니라 섹터와 섹터, 국가의 경계를 넘나들며 다양한 주체가 임팩트를 위해 활동하고

대한민국 사회적 가치 페스타.
대한상공회의소가 주최하고 SOVAC이 함께하는 사회적 가치 축제에 참여한 기관들.

있다.

사회적 가치 창출에 있어 비영리성이 강하게 작용했던 과거와 달리, 영리와 비영리성의 경계가 허물어지면서, 비영리, 기업, 정부와 더불어 영리와 비영리의 하이브리드 형태인 사회적 기업과 소셜 벤처의 등장까지 다양한 플레이어들이 임팩트 생태계 안에 포진되어 있다. 다양한 주체가 적극적으로 협력하여 근본적인 변화를 만들어내기 위해 끊임없이 혁신적인 방식을 고민한 결과이다. 이제 조직과 활동을 구분하는 것은 무의미하거나 어려워졌다.

이러한 다양한 플레이어들과 더 유기적으로 협업하기 위해 대규모 비영리 모금 조직의 구조도 변화하고 있다. 월드비전의 경우, ESG사회공헌본부 내 국내외임팩트프로젝트팀이 있을 정도로 임팩트와 ESG를 접목한 사업을 운영하고 있다. 초록우산은 임팩트 기금 본부를 설립해 사업의 임팩트를 측정하고 이를 기반으로 가치를 외연화하며, 기부자를 발굴하고 있다. 굿네이버스는 사회적 기업 사업단을 2019년 재단법인 굿네이버스 글로벌 임팩트로 독립시키며 사회적 경제 개념을 강조한 임팩트에 초점을 둔 사업을 수행하고 있다. 대규모 비영리 모금 조직의 이러한 시도는 임팩트를 통해 사업의 효과를 극대화하고, 기부자와의 소통을 강화하는 데 기여하고 있다. 그러나 상대적으로 중소 비영리 모금 조직은 자원과 전문성의 부족으로 인해 임팩트를 체계적으로 측정하고 구현하는 데 한계를 겪고 있으며, 이러한 한계를 극복하기 위한 새로운 시도들이 시작되고 있다.

임팩트의 외연화, 또 다른 연결의 시작

모든 조직이 기부 감각을 강화하고 확장하는 도구로서 임팩트를 같은 모습으로 측정하고 외연화할 수는 없다. 비영리 모금 조직이 이뤄낸 임팩트는 특정 단체의 작업이 아닌, 공동의 사회적 목표를 향한 협력의 산물이기도 하다. 이러한 이유로, 임팩트를 바라보는 과정에서도 기관 간 협업과 연대가 중요하다. 사회 문제 해결은 어느 단체도 혼자서는 할 수 없기 때문에, 무리한 임팩트 측정이 시민 사회의 연대와 협력 문화를 해칠 수 있다고 우려하는 사람도 많다. 따라서 경쟁이 아닌 개별 단체의 임팩트를 드러내면서도, 단체 간 연대의 중요성이나 기여도를 드러내는 '협력적 임팩트 묘사'가 중요하다.[56] 이를 통해 단체간 연대와 협력의 중요성을 드러내면서 사회 문제 해결을 위한 공동의 방향성을 제시할 수 있다.

일례로 2023년 청년재단, 사랑의열매, 임팩트 측정 기관인 트리플라잇의 주관으로 '고립 청년 지원 조직 임팩트 커뮤니티'가 조성되었다. 이는 지역에서 고립 청년을 대상으로 사업을 진행하는 조직의 종사자들이 함께 고립 청년 지원 사업의 임팩트를 찾아나가는 것이었다. 본인이 하고 있는 사업에 대한 임팩트를 정의하고 전략을 수립하는 과정을 다양한 기관들과 협력하여 진행한 사례였다. 사랑의열매라는 대규모 비영리 모금 조직이 그 동안은 모금과 배분을 통해 중소규모 비영리 모

---

56 "비영리 임팩트 측정, '숫자의 함정'에 빠지지 마라", <더나은미래>, 2021. 5. 4.

고립청년 지원조직이 함께 임팩트를 커뮤니티를 구성하여 활동하였다[57]

금 조직을 지원하는 역할을 했다면, 이제는 그 역할을 임팩트 측정까지 확장하고 있다는 점이 흥미롭다.

또한, 아산나눔재단은 비영리 스타트업 지원 사업인 '성장트랙'을 통해 소규모 기관과 협력하면서, 이들의 사업 성과를 모아 임팩트를 재생산하는 작업을 지원하고 있다. 이러한 시도는 스타트업 기관이 성과를 넘어 임팩트를 확장할 수 있는 기반을 제공하고, 사회 문제 해결의 새로운 모델을 제시한다는 점에서 의미있는 사례이다.

이러한 사례는 다양한 이해관계자가 사회 변화를 위해 자원과 사람을 연결하고 최선의 방안을 마련한다는 점에서 의미가 있다. 함께 이뤄낸 이 과정을 다시 협업하여 임팩트로 보여주는 다양한 시도는 앞으로도

---

57 청년재단 인스타그램.

단체 명	사업 소개
계단뿌셔클럽	계단정보를 수집하는 클럽활동과 이 정보를 직접 등록하고 조회할 수 있는 <계단정복지도>를 통해 '이동약자와 그 친구들의 막힘없는 이동'을 만들어가는 플랫폼
뉴웨이즈	만 39세 이하 젊치인이 문제 해결에 집중할 수 있는 정치 시스템 생산
빠띠	목소리를 모으고, 대화의 장을 열고, 사회 문제를 직접해결하는 시민 플랫폼
온기	우울증으로 이어질 수 있는 우울감 지속 및 심화 문제에 집중하여 해결하는 단체
다시입다연구소	패션 산업이 환경에 끼치는 악영향을 알리고 의류 폐기물을 줄이기 위한 단체
사단법인 무의	장애를 무의미하게 하려는 사람들이 모여 물리적인/심리적인/인식의 턱이 없는 세상을 만드는 단체
스프링샤인	예술성과 창의성을 키우는 스프링 아카데미 교육을 통해 발달장애인의 창작을 지원하고 그 이상의 가치를 담은 아트워크와 디자인 제품을 만드는 소셜아트플랫폼
지구를지키는 소소한행동	시민들이 쉽게 참여할 수 있는 일상생활 속 기후 위기 대응 행동을 통해 탄소중립을 실현하는 단체

아산나눔재단 비영리 스타트업 지원단체
* 각 단체 홈페이지 사업소개 내용 참고

계속될 전망이다. 기부와 임팩트를 매개로 사람과 사람을 연결하고, 조직과 조직을 연결하며, 전체 생태계를 만들어가는 시도는 더욱 확대될 것이다.

비영리 모금 조직의 임팩트 측정 참고 사례

사례 1 사회적가치연구원의 Impact Foundation Learning Community

비영리 모금 조직이 성과와 임팩트에 주목하면서 함께 다양한 시도를 하고 있다. 2020년 사회적가치연구원에서는 사회 성과로서의 사회적 가치 측정을 목표로 〈Impact Foundation Learning Community〉를 조직하고 2021년 5개 기관과 사회적 가치 측정을 본격적으로 시작했다. 경제적 가치처럼 사회적 가치도 화폐적으로 측정할 수 있고, 측정 방법과 결과물이 시장에서 인정받을 수 있는 수준으로 발전할 수 있다면 더 많은 조직이 사회적 가치를 창출하고자 노력하리라는 기조로 기부자의 기부금을 임팩트로 전환하고, 기관이 이를 창출했는지를 가장 중요한 잣대로 보고 있다. 2021년 총 5개 측정 참여기관을 시작으로 2024년까지 커뮤니티 운영을 계속해 오며 다양한 사업의 측정 사례를 쌓아가고 있다.

사례 2 아름다운재단의 '열여덟 어른 캠페인' 임팩트 측정

아름다운재단은 임팩트 측정 기관인 ㈜트리플라잇과 함께 20년간 진행해온 자립준비청년 지원 사업과 열여덟 어른 캠페인의 임팩트를 종

---

58 아름다운재단, <'열여덟 어른 캠페인' 임팩트>, 2023

2023 임팩트 측정의 학습과 연습 보고서

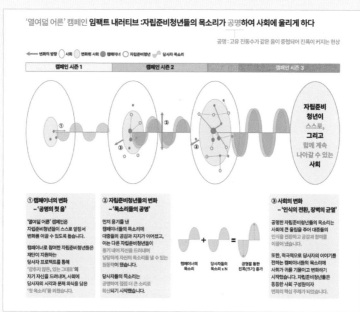

'열여덟 어른' 캠페인 **임팩트 내러티브 :자립준비청년들의 목소리가** 공명하여 사회에 울리게 하다

공명 : 고유 진동수가 같은 음이 중첩되어 진폭이 커지는 현상

변화의 방향   ○ 사회   ● 변화된 사회   ● 캠페이너   ○ 자립준비청년   ◡ 당사자 목소리

캠페인 시즌 1 　　　 캠페인 시즌 2 　　　 캠페인 시즌 3

자립준비
청년이
스스로,
그리고
함께 계속
나아갈 수 있는
사회

**① 캠페이너의 변화
- '공명의 첫 음'**

'열여덟 어른' 캠페인은
자립준비청년들이 스스로 앞장서
변화를 이끌 수 있도록 돕습니다.

캠페이너로 참여한 자립준비청년들은
재단이 지원하는
당사자 프로젝트를 통해
'감추지 않은, 있는 그대로'의
자기 자신을 드러내며, 사회에
당사자의 시각과 문제 의식을 담은
'첫 목소리'를 외쳤습니다.

**② 자립준비청년들의 변화
- '목소리들의 공명'**

먼저 용기를 낸
캠페이너들의 목소리에
대중들의 공감과 지지가 이어졌고,
이는 다른 자립준비청년들이
용기 내어 자신을 드러내며
당당하게 자신의 목소리를 낼 수 있는
원동력이 됐습니다.

당사자들의 목소리는
공명하여 점점 더 큰 소리로
확산되기 시작했습니다.

**③ 사회의 변화
- '인식의 전환, 장벽의 균열'**

공명한 자립준비청년의 목소리는
사회에 큰 울림을 주어 대중들의
인식을 전환하고 공감과 참여를
이끌어 냈습니다.

또한, 적극적으로 당사지의 이야기를
전하는 캠페이너들의 목소리에
사회가 귀를 기울이고 변화하기
시작했습니다. 자립준비청년들은
동등한 사회 구성원이자
변화의 핵심 주체가 되었습니다.

캠페이너의
목소리
＋
당사자들의
목소리 x N
＝
공명을 통한
진폭(크기) 증가

공명으로 정의한 열여덟 어른 캠페인의 임팩트[58]

합적으로 분석하여 2023년 그 결과를 발표했다.

사례3 서울시NPO지원센터의 호주제 폐지 논의를 위한 애드보커시
활동의 임팩트 측정

2022년 서울시NPO지원센터에서는 빅데이터를 활용하여 비영리 단
체의 사회적 성과를 측정하였는데 그중 한 사례인 호주제 폐지 운동의
경우 애드보커시(권리옹호 및 정책에 대한 비판적 활동) 측면에서 임팩트
를 정의하고, 민법 개정 과정에서 시민사회 단체가 끼친 영향력을 임
팩트로 정의하고 이를 측정하였다.[59] 호주제 폐지 논의를 위해 애드보
커시 활동 이외 캠페인이나 다른 여타 활동의 임팩트를 정의하고 측정

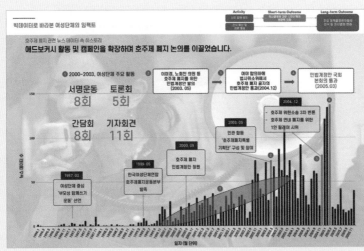

호주제 폐지 논의를 위한 애드보커시 활동의 임팩트 측정[60]

---

59 "빅데이터 활용해 비영리단체 성과 알려볼까", <이로운넷>, 2022. 12. 10.

한다면, 그 측정과 결과는 달라졌을 것이다.

비영리 모금 조직의 임팩트 측정 사례를 통한 시사점

기부금이 만들어낸 변화, 즉 임팩트를 보여달라고 기부자들이 요구할 때, 비영리 섹터에서는 자신들의 임팩트를 어떻게 보여줘야 할지, 더 솔직하게는 '임팩트'라는 게 무엇인지를 이해하는 데 큰 어려움을 겪어 왔다. 비영리 섹터는 이미 논리 모델에 따른 '투입-활동-산출-성과'의 프로세스가 익숙한 상황이었다. 그런데 성과와 임팩트는 무엇이 다른가, 우리가 보여주는 것이 성과인가 임팩트인가와 관련하여 혼선이 있었던 것이다.

비영리 조직이 추구하는 임팩트의 정의가 다르다는 것을 인정하고, 우리 조직이 추구하는 임팩트가 사업의 성과 및 결과와 어떻게 다른지 명확히 하는 것이 중요하다. 즉 우리가 보고자 했던 변화가 무엇인지 명확히 논의하고, 임팩트의 본질을 확인하고 정의하는 작업이 중요하다. 임팩트는 구성원들이, 이해관계자가 함께 만들어가는 구성적 개념이고, 그것을 구성해 가는 '과정' 자체가 중요함을 인지할 필요가 있다. 화려한 보고서와 그럴듯한 수치에 매몰되기보다는, 단순화된 핵심 지표와 논리적인 지표를 명료하고 일관된 방향성을 제시할 필요가 있다.[61]

---

60 서울시 NPO 지원센터, <빅데이터로 본 비영리단체의 사회적 성과 분석 보고서>, 2022.

61 "[특별 기고] 임팩트 측정의 본질과 새로운 접근에 관하여", <임팩트 스퀘어>, 2024. 2.

감각을 연결하는 새로운 통로, 임팩트 투자

GIINGlobal Impact Investing Network은 현재 전 세계에서 3,907개 이상의 조직이 1.571조 달러 규모의 임팩트 투자 자산AUM을 관리하고 있으며, 2019년 이후 임팩트 투자 시장의 연평균 복합성장률CAGR을 21% 정도로 추정하였다.[62]

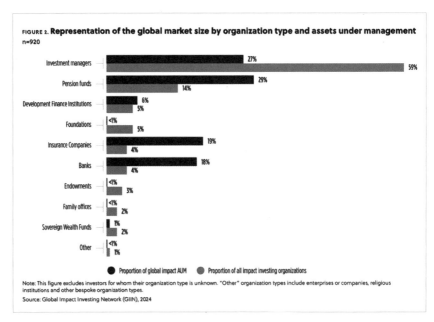

FIGURE 2. **Representation of the global market size by organization type and assets under management**
n=920

- Investment managers: 27% / 59%
- Pension funds: 29% / 14%
- Development Finance Institutions: 6% / 5%
- Foundations: <1% / 5%
- Insurance Companies: 19% / 4%
- Banks: 18% / 4%
- Endowments: <1% / 3%
- Family offices: <1% / 2%
- Sovereign Wealth Funds: 1% / 2%
- Other: <1% / 1%

● Proportion of global impact AUM ● Proportion of all impact investing organizations

Note: This figure excludes investors for whom their organization type is unknown. "Other" organization types include enterprises or companies, religious institutions and other bespoke organization types.
Source: Global Impact Investing Network (GIIN), 2024

조직 유형 및 자산 운용 규모AUM에 따른 글로벌 시장 규모(GIIN 보고서)

---

62 <Sizing The Impact Investing Market>, GIIN(Global Impact Investing Network), 2024.

임팩트 투자는 사회적 기업에 대한 관심이 높았던 시기부터 꾸준히 논의되어 온 개념이다. 이는 기업의 ESG 투자와도, 자선 활동과도 다르다. 삼일회계법인의 패밀리 오피스를 위한 임팩트 투자 가이드(2022)에 따르면 임팩트 투자와 ESG 투자, 그리고 '자선 활동'을 구분하여 설명하고 있다. ESG 투자는 투자를 고려함에 있어서 기업의 성과에 영향을 미칠 수 있는 환경적, 사회적, 그리고 지배 구조적 리스크와 기회에 집중하는 것이며, 자선 활동은 기업의 수익은 고려하지 않고, 환경적, 사회적 복지 증진과 관련 문제 해결을 위한 기부 활동을 의미한다는 것이다. 마지막으로 임팩트 투자는 ESG 투자와 자선 활동 중간에 위치한 형태로서 재무적 수익을 낮추지 않는 범위 내에서 전 세계 환경과 사회 문제를 해결할 수 있는 분야에 집중 투자한다고 구분한다.[63]

임팩트 투자 환경이 확대되면서, 이에 대한 다양한 논의가 활발히 진행되고 있다. 임팩트는 결국 다양한 이해관계자가 함께 이뤄내는 것이기에 임팩트 투자자뿐만 아니라 그 안에 함께하고 있는 모두가 임팩트 자체를 내재화해야 한다는 목소리가 있다.[64] 임팩트를 단순한 결과로 여길 것이 아니라, 그 본질과 의미를 깊이 고민해야 한다는 점에서 다양한 관점의 논의와 접근이 필요하다. 앞으로도 지속될 임팩트 투자와 관련된 논의 속에서, 사회적 가치를 창출하기 위한 새로운 방향성이 제시되리라 기대한다.

---

63 삼일회계법인 <패밀리 오피스를 위한 임팩트 투자 가이드>, 2022.
64 "임팩트 투자 '대중화' 해법은", <더나은미래>, 2024. 10. 31.

아시아 임팩트의 밤 포스터. 아시아 전역의 임팩트 투자자들이 모였다.
(출처: 디쓰리쥬빌리파트너스 (2024))

기부와 투자의 감각적 결합

임팩트 투자가 지향하는 바는 결국 투자를 통한 성과, 특히 재무적 성과에 주목을 하고 있는 만큼, 기업의 재원 활용 방법으로 매력적인 접근 방법일 수 있다. 한국사회투자는 임팩트 투자의 지향과 의미를 잘 살릴 수 있는 재원으로서 기업의 '기부금'에 주목하고, 지난해 기업의 사회 공헌 및 ESG 예산을 펀드로 조성하고 운용하는 〈임팩트 퓨처 펀드〉를 론칭하였다. 이는 기존 개별적으로 진행되어 온 기업 사회 공헌 및 ESG 활동에 임팩트 투자 개념을 접목한 것이다. 기부금과 임팩트 투자를 연계하는 방식의 사업을 하는 A기업은 2022년부터 이 사업을 진행하고 있었는데, 사회 공헌 사업의 핵심 사업으로 여기고 있었다.

> 그중에 하나 큰 게 ESG 관점의, 투자 관점의 ***챌린지라는 건데, 환경분야 임팩트 창출하고 소셜벤처 발굴해서 저희가 투자를 하는 그 내용이거든요. 근데 이 부분은 2022년부터 10년간 진행이 될 건데, 이 기간 동안 저희가 30억을 투자할 거예요. 그래서 저희가 M단체[65]에 기부금을 주면 거기서 기부금 처리를 하고 운영을 해주겠죠. 그리고 나서 매년 선발된 단체에 저희가 투자를 하는 건데 2022년도에 저희 주제는 친환경이었고, 23년도는 플라스틱, 24년도는 플라스틱 플러스. 저희가 기후나 해양 관련된 소셜 밴처를 선발해서, 한 5개 정도 단체를 선정하고 거기에 기부금을 연마다 한 8억 정도 기부를 해서, 나중에는 수익률 8프로 정도로 벤처투자를 할 수 있는 이런 프로그램을 운영을 하고 있어요. 그래서 이 부분이 약간 좀 핵심적인 사업이 될 것 같아요. _홍은비/ CSR 담당자, 30대, 여.

또 다른 매칭 사례로는 하나금융그룹이 추진한 ESG 더블 임팩트 매칭 펀드 사업이 있다. 이 사업은 2022년부터 2024년까지 총 21개 투자 기업을 대상으로 약 42.5억 원의 투자금을 창출하며 성과를 기록

---

65 임팩트 투자를 하는 단체.

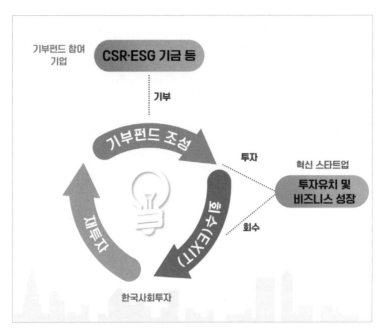

임팩트 퓨처Impact Future 펀드 개요(한국사회투자 ESG 기부펀드, 2024)

했다.[66] 이러한 임팩트 투자에 대한 기업들의 관심은 지속적으로 확대되고 있으며, 특히 IT 기술을 활용한 스타트업을 지원하는 비영리 스타트업 분야로도 확장되고 있다. 기업과 협업을 통해 이러한 형태의 임팩트 투자는 앞으로도 지속될 가능성이 크다.

새로운 재원과 방식의 유입은 코로나 19 팬데믹 이후 재원 마련에 어

---

66 한국사회투자, <ESG 기부펀드 임팩트 퓨처> 소개서, 2024.

려움을 겪는 비영리 모금 조직에게 좋은 기회일 수 있다. 무엇보다 사회변화를 위한 새로운 시도는 계속될 필요가 있다는 점에서 고무적이다. 그러나 실질적으로 현장에서 활동하는 중소규모 비영리 조직들은 여전히 재원 마련에 어려움을 겪는다. 기존 생태계 안에서 비영리 조직이 재무적 성과와 사회적 가치를 동시에 창출하기란 쉽지 않다. 기부와 투자에는 분명한 차이가 있기 때문이다.

> 혼합적으로 후원과 비즈니스를 섞어 운영하고 있어서, 우리도 이제는 그런 모델이 필요하겠다고 생각을 좀 하고 있고, 그걸 어떻게 만들까 고민하고 있는데, 지금 현재까지는 그런 모델이 없다 보니까, 대부분 영세한, 대부분이 5인 미만인데… 사실상 그냥 연명하고 있는 상태죠. 경기도에서도 임팩트 유니콘에서 100억 이상 되는 데를 100개를 선정하겠다, 이러는데 사실상 그런 건 손에 꼽거든요. 그렇게 줄 세우면 사실 상위권에 있는 몇 개, 한 10% 기업 제외하고 나머지 한 80~90% 기업은 매출이 10억 미만이고 거기에 당기 순이익이 적자인 경우들도 많고, 그렇다 보니까 사실 또 임팩트를 창출하고 싶은 의지도 없고, 창출도 안 되고, 여러 조건상… _최현석/활동가패널 열트메, 40대, 남.

기부와 투자에는 명백한 차이가 있다. 그럼에도 비영리 생태계 내에서 임팩트와 임팩트 투자가 논의되는 것은 필수적이다. 이를 위해 다양한 이해관계자가 임팩트의 본질과 의미를 다시 한 번 고민해야 할 시점이다. 특히 현장의 기관은 자신들이 만들어 내는 임팩트의 본질에 대해

깊이 고민해야 하며, 이를 바라보는 기부자와 정부 등 이해관계자 역시 단순히 임팩트의 규모만을 좇아서는 안 된다. 임팩트 투자를 수익 중심의 성과로만 판단할 경우, 생태계는 결코 지속 가능할 수 없다. 임팩트 투자의 본질은 재무적 성과와 사회적 변화를 균형 있게 추구하며, 생태계 전체의 지속 가능성을 높이는 데 있다는 점을 기억할 필요가 있다.

2000년대 초반, 비영리 생태계를 이끌었던 주요 주체는 비영리 모금 조직이었다. 이들은 사회 변화를 목표로 다양한 활동을 전개하며, 초기 단계의 비영리 생태계에서 사회적 문제 해결을 위해 협력하고 성장해 나갔다. 당시 비영리 모금 조직은 막 발돋움하기 시작한 시점에서 사회적 이슈를 논의하고 이를 해결하려는 중심적 역할을 담당했다. 현재 비영리 생태계는 더 넓고 다변화된 형태로 발전하고 있다. 비영리 모금 조직뿐만 아니라 영리 조직, 그리고 영리와 비영리적 속성을 겸비한 하이브리드 조직 등 다양한 주체가 함께 활동하며, 경계는 점차 허물어지고 있다. 물론 여전히 논의해야 할 과제는 남아 있다. 그러나 임팩트를 개념화하고 이를 측정하려는 시도가 점차 자리잡으면서 각 주체의 임팩트에 대한 관심과 시도는 앞으로도 지속될 전망이다. 이러한 움직임이 비영리 생태계가 더 나은 방향으로 진화할 수 있는 중요한 기반이 되길 기대해 본다.

트렌드

6

기부 감각 되살리기

#기부감각의상실

#빈곤마케팅

#기부투명성

#비영리운영비

#기부감각되살리기

#나눔교육

#사회적인정

무감각無感覺. 무감각이란 감각이 없다는 말이다. 그러나 감각이 없는 인간은 존재하지 않으니, 감각하더라도 의미와 앎에 이르지 못하는 상태, 그리고 감각과 이성이 끊긴 상태를 가리킨다. 감각이 인식, 이성과 연결되어 있지 못하니, 경험도 관심도 만들어 내지 못한다. 그래서 이런 무감각의 상태는 무관심의 상태이기도 하다. 신체의 다양한 감각기관을 통해 자극이 들어옴에도 불구하고 자극이 의미를 만들어 내지 못한다는 것은, 곧 관심이 없기 때문이다.

기부도 마찬가지다. 우리는 지금까지 시민들의 기부 감각을 깨우고, 유지하고, 강화하고, 확장하기 위한 다양한 사례들을 살펴보았다. 그러나 반대로 기부자의 감각을 둔화시키는, 무감각과 무관심의 상태에 기부자를 빠트리게 하는 일도 존재한다.

기부의 의미를 '공익을 위한 자발적 참여'라고 정의해 보자. 이러한 기부를 한 번도 해 본 적도, 생각해 본 적도 없는 사람들이 있다. 대부분은 기부라는 것을 접해볼 기회조차 갖지 못한 경우이다. 기부 무감각 상태가 되는 다른 경로는 '기부'에 대한 직간접적인 경험이 있으나, 그것이 즐겁고 유의미한 경험이 아니었던 경우이다. 이는 대부분 기부금을 받은 비영리 모금 조직의 행태로부터 비롯된 것일 터이다. 불쾌감, 불편감, 실망, 의심, 분노와 같은 부정적인 감정이 쌓여 결국은 의식적으로 감각을 차단하거나 자극을 피하는 경우일지도 모른다. 이것이 이 장에서 살펴볼 기부 감각의 상실이다. 어째서 무감각하게 되는지, 어째서 기부 불감증에 빠지게 되는지, 그리고 어째서 관심이 무관심으로 전이되는지를 살펴본다.

그리하여 기부자가 느끼는 부정적 감정이 어디에서 어떻게 비롯되는지 알아보고 기부자의 기부 감각을 되살리기 위한 기부자들의 목소리와 비영리 섹터의 논의를 살펴본다. 더 나아가 우리 사회의 기부 감각을 깨우기 위해 필요한, 그리하여 우리 사회의 기부 문화 확산을 위해 필요한 조건들이 무엇이 있을지에 관해 이야기를 나눈다.

기부 감각의 상실

우리는 현금인출기가 아니다!

"제가 돈을 주고 있는데도 저와는 아주 동떨어진 일처럼 느껴질 수 있어요. (중략) 제가 그냥 돈만 준다면 저의 시간과 재능이 아니라 돈으로만 가치를 인정받는 기분이 들 거예요. 제 목소리와 경험도 마찬가지로 가치가 있는데 말이죠" - <임팩트 세대 - 차세대 기부자들의 기부혁명> 중에서

샤나 골드세커와 마이클 무디의 『임팩트 세대』에는 차세대 기부자(특히 고액 기부자)들이 현금자동인출기나 파티플래너로 취급되길 원하지 않는다는 내용이 있다.[67] 처음에는 비영리 모금 조직이 기부자들을 현금인출기로 취급하는 경우가 과연 있을까 싶었으나, 곰곰이 생각해 보

---

67 샤나 골드세커, 마이클 무디. 『임팩트 세대, 차세대 기부자들의 기부 혁명』, 교유서가, 2021.

면 기부자들이 그렇게 느낄 수도 있겠다는 생각이 든다. 비영리 모금 조직이 간절히 기부자를 찾을 때가 언제인지 생각해 보면, 저 말에 수긍하지 않을 수가 없었다. '기부하고 났더니 연락도 없더라', '돈 필요할 때만 (기부해 달라고) 연락한다', '돈을 주고는 있는데 아주 동떨어진 일처럼 느껴진다'라는 생각을 하는 기부자들의 목소리가 들리는 듯하다.

많은 비영리 모금 조직은 시민(잠재 기부자)들에게 '필요'에 대해서만 이야기한다는 말을 종종 듣는다. 만나서 이야기해 보면 결국은 이러저러한 이유로 '돈이 필요하다'라는 말이 핵심이라는 것이다. 모금을 하려면 시민들에게 기부가 필요한 이유를 말하는 것은 매우 중요하다. 그러나 기부자들은 '그다음' 역시 중요하다고 말한다. '기부 후의 과정'을 '눈에 보이게', '손에 잡히게' 공유해 달라는 것이다.

> 기부 전 홍보를 통한 모객과 유치도 중요하지만, '기부 후 과정을 눈에 보이게 정리하여 공유해주는 것' 또한 중요하다는 생각을 하게 됐어요. _강수정/시민패널 열트친, 20대, 여.

최근 5년 동안의 기부트렌드를 보면, 기부금 피드백에 대한 이야기가 나오지 않은 때가 없을 정도로 피드백은 기부자들이 가장 원하는 것이지만, 비영리 모금 조직이 잘 못하는 대표적인 부분이다. 이렇게 피드백이 안되니 기관에 대한 신뢰도가 떨어지고, 투명하지 않다는 생각이 생겨난다고들 했다. 이런 지적을 피하기 위해 비영리 조직은 열심히 회계 보고를 한다. 투명한 기관임을 보여주기 위해 재무제표를 원 단위로 홈페이지에 공개하고, 당연히 국세청에도 신고한다. 그럼에도 불구하고 기부자들은 여전히 피드백이 잘 안된다고 말한다.

피드백을 둘러싼 기부자와 비영리 모금 조직의 간극에는 피드백에 관한 견해 차이가 자리하고 있다. 즉 기부자들이 생각하는 피드백과 비영리 조직이 제공하는 피드백의 내용과 방식에서 차이가 있다는 것이다. 기부자들이 생각하는 피드백은 기부금을 투명하게 쓰는지를 보여주는 내용뿐 아니라, 기부를 통한 변화를 보여주는 스토리를 모두 포함하는데, 비영리 모금 조직이 제공하는 피드백은 숫자들이 복잡하게 나열되어 있는 재무제표뿐이기 때문이다.

> 저는 피드백에 두 가지 종류가 있다고 생각해요. 하나는 제가 경험한 것처럼 기부를 통해 자기 효능감과 보람을 느끼게 해주는 피드백이고, 다른 하나는 기부한 금액이 어떻게 사용되었는지를 알려주는 구체적인 내역 보고라고 생각해요. 전자는 매주 흔한 내용을 보내기보다는 가끔씩 시의적절하고 뻔하지 않은 내용을 보냈을 때 더 와 닿고 효과가 좋은 것 같아요. 하지만 후자는 일정 주기마다 결과 보고서처럼 보내줘야 기부처를 완전히 신뢰할 수 있을 것 같습니다. _송현서/시민패널 열트친, 10대, 여.

기부트렌드 패널로 참여한 CSR 담당자들은 피드백에 대해 더 구체적인 이야기를 들려주었다. 그들은 '사업에 대한 진심이 느껴지는 피드백', '효과와 변화, 임팩트를 수치화하여 보여주는 피드백', '현장의 목소리, 수혜자의 목소리가 담긴 피드백'을 좋은 피드백으로 인식하고 있었다. 즉 기부자들은 수혜자와 현장의 목소리와 마음이 자기 머릿속으로 들어오기를, 즉 충분히 감각되기를, 기부금이 만들어 낸 변화와 임팩트를 한편으로는 시각적으로, 다른 한편으로는 의미적으로 더 쉽게 감각하기를 원하는 것이다.

한 CSR 담당자는 비영리 모금 조직의 사업에 대한 진심이 느껴질 때가 좋은 피드백이라고 했다. 비영리 모금 조직이 어떤 이슈에 대해 더 많이 공부하고 고민하는 모습, 사업을 조금이라도 더 발전시키려고 노력하는 것 자체가 '좋은 피드백'이라고 말했다. 기부자가 이런 모습을 보면 비영리 조직이 사업에 '정말 진심이다', '진짜 수혜자들을 위해 일한다'라는 생각이 들기 때문에, 부족한 면이 보여도 의미 있는 사업, 좋은 사업으로 인식하게 된다는 것이다.

> X재단은 피드백을 진짜 잘 하시는 것 같다라고 느낀 게, 정해진 보고서 외에 예를 들어 설문 조사라든지, 케이스 스터디 같은 거를, 직접 거기 있는 직원분들이랑 하셔서… 예를 들어 다문화 교육이었는데, 그 다문화에 대한 내용을 엄청 스터디 하세요. 막 논문도 보시고, 그래서 세팅된 사업 외에 어떻게 하면 더 발전할 것인지에 대해서 같이 스터디한 걸 공유해 주시는 일이 있었어요. 그래서 그거 보고, 진짜 사업에 대해 엄청 진심이다, 라고 생각을 했었고… _박재진/시민패널 열트친, 30대,

앞의 시민패널이 증언하는 것처럼, 어떤 비영리 모금 조직의 피드백 제공 노력, 즉 사업의 효과와 변화, 임팩트를 수치화하여 변화가 손에 잡히는 형태로 보여주는 노력은 '경외심을 느낄' 정도라고도 했다. 수치화하는 것의 장점은 시각적 인지를 높일 뿐만 아니라, 사업으로 인해 변화가 어떻게 나타났는지, 그 의미를 구체적으로 보여준다는 점에서 유용하다. 이때 전후 비교까지 가능하다면 기부로 인해 얼마나 도움이 되었는지, 얼마나 어려움이 해결되었는지를 직관적으로 감각할 수 있어 유용하다.

> K기관의 OOOOO는 기업, 대기업 수준은 아니지만, 지속가능보고서 같은 걸 만들어서 뿌렸더라고요. 거기에 보면 (중략) 모든 걸 다 이렇게 수치화했습니다. 그러니까 옷을 얼마나 기부 받았고, 얼마나 점포가 생겼고, 거기까지는 어찌 보면 할 수 있는데, 그 옷을 받은 거를, 예를 들어 이제 옷이 버려졌을 때, 옷 하나 만들 때 물의 낭비량을 역산해 가지고… 나무를 절약한 것을 (중략) 수치로 나타냈던 것들. (중략) 대기업처럼 제3자 검증받고 막 이러진 않았겠지만, 자기들이 로직을 세워서 하셨다는 게… 그렇게 한 번 하면 내년에도 그 논리대로 해야 되니까, 그게 좀 대단해 보이더라고요. (중략) 훨씬 더 대단한 게, 저거 할 수 있는 인력이 몇 명이나 있을까, 다 바쁘신데… 금융사나 기업이야 진짜 1억, 2억, 3억 써서 하겠지만, 자체적으로 저거를 다 하셨다라는 생각이 오히려… 약간 경외감이 든 순간이었습니다. _최한결/시민패널 열트친, 30대, 남.

현장의 목소리, 수혜자의 목소리가 담긴 피드백도 좋은 피드백이라는 평가를 받는다. 숫자로 나타낸 피드백이 의미적으로 직관적이며 손에 잡히는 피드백이라면, 현장과 수혜자의 목소리가 담긴 피드백은 마음을 움직이는 피드백이라고 할 수 있다. 수혜자들이 어떻게 변화하는지, 사업의 효과가 구체적으로 어떤 것인지를 '그들의 언어로' 표현되는 것이 감동이라는 것이다. 특히 기업의 임직원들이 사회 공헌 사업에 관심을 가질 때 현장의 목소리를 특히 궁금해하는데, 기관에서 그런 피드백을 주면 직원들도 좋아하고, 추가 캠페인을 진행하는 데도 큰 도움이 된다고 한다.

> 올해는 처음으로 어르신의 편지를 받았어요. 그래서 너무 고맙다고 '봉사자라는 단어를 모르고 살았다가 여기에서 혜택을 받고, 나도 어딘가에 지금 봉사자에 소속돼 있었다', 이렇게 감사 편지가 와 가지고, 그걸 공지 사항에 올렸었는데 직원들이 엄청 좋아하더라고요. 그러니까 가장 작은 게 가장 큰 감동을 주는 것 같기는 해요. 그렇게 아직까지도 그 손편지 한 장에 많은 감동이, 울림이 있더라고요. _신유리/시민패널 열트친, 30대, 여.

인력과 예산이 부족한 비영리 모금 조직에서 이렇게 자세한 피드백을 주는 건 쉽지 않다. 부족하지만 노력하고 시도하는 모습을 보여주는 것, 그 자체가 좋은 피드백이 된다고, 기부자들은 말한다. 물론 수혜자의 목소리를 어느 정도까지 제공할 것인지, 수혜자나 활동가에게 '손편지'를 쓰도록 요구하는 것이 과연 올바른 방식인지에 대해서는 문제

제기가 있다. 수혜자에게 '감사를 강요'하는 것이 또 다른 폭력이 될 수도 있기에 기부자도, 그리고 현장의 활동가들도 더 신중하고 민감하게 접근할 필요는 있다.

> 아이들이 제일 싫어하는 게, 쌀 줬다고 애들 사진 찍으러 오는 거, 감사 편지 써라, 너무 싫어하거든요. 저도 그런 건 별로 안 좋아요. 그냥 줬으면, 그냥 그거로 끝내지 굳이 왜 편지를 일일이 써서 받기를 원하는 건지. 큰 단체에서는 '받아서 감사합니다'라고, 그것도 수기 편지를 써서 보내라고 하는 사람도 [있어요]. 근데 그런 거는 정말 아이들에게 상처를 엄청…
>
> _김윤영/시민패널 열트친, 50대, 여.

빈곤 포르노그래피

'빈곤 포르노'라고 불리는 모금 캠페인에 대한 비판의 목소리는 어제오늘의 일이 아니다. 특히 아프리카 빈곤 아동의 상황을 상세하게 보여주며 후원을 요청하는 영상은 누구나 한 번쯤은 봤을 정도로 익숙하다. 2010년대 중반, 후원의 관심 대상이 해외 빈곤 아동에서 국내 빈곤 아동으로 옮겨오면서 빈곤 포르노에 대한 비영리 영역에서의 자성의 목소리가 커졌다. 상당수의 시민들도 자극적인 방식으로 연민과 동정을 야기하여 기부하게끔 유도하는 광고에 대한 불편함을 드러냈다.

이러한 흐름 속에서 비영리 모금 조직들도 어려운 상황에 처해있는 사람들의 '비참함'을 자극적인 방식으로 보여주는 대신, 아이들의 밝은 미소와 변화에 주목하는 캠페인을 시작했다. 그러나 코로나19 팬데믹으로 인해 대부분의 대면 활동이 멈춘 상태에서 모금 기관들은 TV에 빈곤 포르노 광고를 다시 하기 시작했다. 낮고 침울한 내레이션, 어두운 분위기, 굶주리고 아픈 아이들의 무표정한 얼굴, 울음소리, 비장하고 슬픈 배경 음악 등 과거에 보았던 익숙한 장면들을 2025년을 바라보는 오늘도 볼 수 있다. 빈곤 포르노는 아마도 기부자의 감각을 가장 말초적으로 자극하는 사례다.

> 기부 광고 보면 소말리아 애들 나와가지고 너무 슬프잖아요. 진짜 눈물 없이는 볼 수 없는 영상을 한 3분에서 5분 봐야 되더라고요. 그다음에 부모님과 둘이 사는데 아빠 암이고 엄마 암이시고… 이런 것은 너무 슬퍼요. 그런데 그 슬픈 곳에 제가 돈을 쓰고 싶지 않더라고요. _김가희/개인기부자, 40대, 여.

이런 가운데 올해 기부트렌드 패널 오픈채팅방에 '빈곤 포르노 월드컵'이라는 이름의 링크가 공유되었다. 2024년 최악의 빈곤 포르노 캠페인을 뽑는 것이었는데, 8강부터 시작하여 차례대로 2개씩 영상을 보고, 둘 중에 어느 것이 더 최악인지 고르는 방식으로 진행되었다. 이 캠페인을 진행한 '공적인사적모임'의 프로젝트팀 '빈포선셋'은 빈곤 포르노를 '빈곤이라는 이미지를 수단으로 삼아 동정심을 유발하고, 인격체의 정체성을 단일한 프레임에 가두는 행위'라고 말한다.[68] 가난하고 무기력한 모습, 간절하게 도움이 필요한 불쌍한 사람들이라는 이미지를 활용해 기부를 유도함으로써 '도움이 필요한 사람'의 전형적인 이미지를 양산해 내고, 이로 인해 빈곤한 사람에 대한 잘못된 편견을 만들고, 낙인 찍는 결과를 초래한다고 비판한다.

대부분의 아동구호단체는 아동의 삶을 개선하여 건강하게 성장할 수 있도록 지원하려고 한다. 활동가들은 당장의 도움을 통해 긴급한 어려움을 해소하고, 아동이 건강한 몸과 마음을 가진 성숙한 시민으로 잘 성장하길 바라는 마음이 있다. 이 과정에서 아동의 인권, 아동의 권리를 향상시키고 변화시키려는 일도 한다. 그럼에도 불구하고 아동구호단체들이 여전히 '빈곤 포르노'라고 지목될 만한 캠페인을 하는 이유는 그 방법으로 모금이 잘 되기 때문이다. 즉 '돈'이 되는 캠페인이라는 것이다.

이 지점에서 궁금증이 자연스레 떠오른다. 비영리 모금 조직은 왜 돈을 모으려고 하는 건지, 돈을 모아서 무엇을 하려고 하는 것인지, 돈만 많이 모이면 어떻게 해도 괜찮은 것인지 말이다. '빈포 월드컵'에 참여한 시민들의 댓글은 비영리 모금 조직에게 일침을 가한다.

- (생사의 갈림길에 놓인 아이들) 동정하는 목소리, 표정이 불쾌

---

68 "기부하기 싫은 최악의 영상을 뽑아주세요… '빈곤 포르노 월드컵'이 열린 이유는?", <더나은미래>, 2024. 9. 5.

함. 대형 NGO에서 마케팅 발전이 없다는 것이 안타까움.

- 누군가의 얼굴이 나오는 이미지 앞에 독이 있는 열매를 먹는다느니, 생사의 갈림길에 있다느니, 죽음을 떠올리게 하는 표현을 함께 배치하고 있다는 게 너무 소름끼쳐요. B기관 직원들의 개인 SNS에 주민들의 얼굴이 나오는 사진을 올리거나, 아이들을 안고 있는 사진들을 올리는 걸 보면서 이래도 되나 싶었는데… 기관에서 규정이나 직원 교육이 부재한 걸까요.

- 우리나라에서는 아직도 빈곤 포르노가 대중들에게 잘 어필된다는 걸 보여주는 거 같습니다. 모금은 대중 지향적으로 해야하다 보니 대중들의 수준과 인식에 맞게 기획이 되겠죠. 맞습니다. 아직 우리나라 국민의 인식과 수준은 아직 빈곤 포르노 정도입니다.

- 후원자들이 이런 것에만 반응한다고 어쩔 수 없다고 후원자 탓을 하지 마셔요.

- 불평등을 존속시키는 구조와, 거기에 모두가 연결되어 있다는 것을 꼬집는 캠페인을 볼 수 있길 바랍니다.

빈곤 포르노는 기부자의 감각을 극단적으로 (불편할 정도로, 그러나 효과적으로) 자극하기 때문에, 기부자의 순간적 반응을 즉각 이끌어 낼 수는 있다. 그러나 장기적으로는 기부자들에게 영상에서 보던 정도의 비참함이 아니면 도와줄 필요가 없다는 생각을 심어주게 된다. 기부자들은 그 정도로 '불쌍하지 않은' 수혜자를 만나면 속았다고 배신감

초록비책공방 SNS 게시글(2024년 4
월15일) 갈무리

을 느끼기도 한다. 즉 기부자들의 건강한 기부 감각을 해치고 종국에
는 무관심하게 만들거나 의도치 않은 부정적 감정 반응을 야기한다.
이것이 우리가 빈곤 포르노 퇴출을 선언해야 하는 이유다.

공적인사적모임 SNS 게시글
(2024년 8월 5일) 갈무리

기관의 운영비, 보이지가 않아요

"가끔 이런 후원 광고 같은 거 보고 마음 갈 때마다 조금씩 기부하는데, D기관, B기관, C기관 정도. 요즘 계속 의심이 들어서 다 끊고 좀더 투명한 곳으로 옮길까 고민 중. 이거 어느 정도 이 애들한테 가는 건

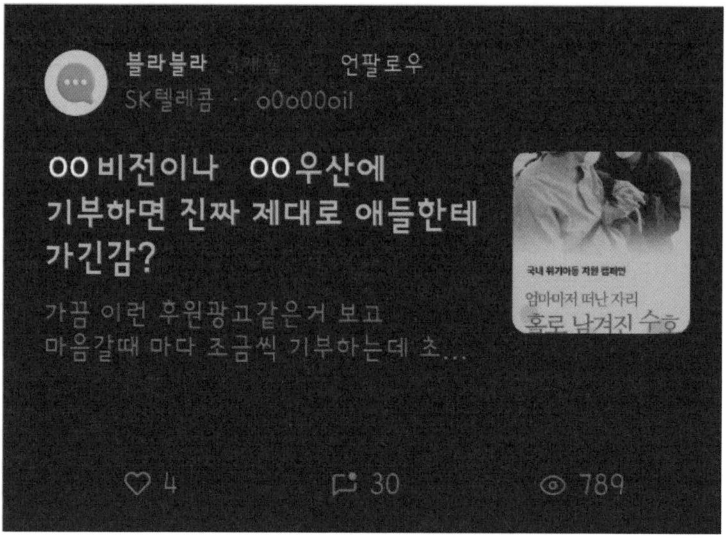
블라블라
언팔로우
SK텔레콤 · o0o00oil
OO비전이나 OO우산에
기부하면 진짜 제대로 애들한테
가긴감?
가끔 이런 후원광고같은거 보고
마음갈때 마다 조금씩 기부하는데 초...
국내 위기아동 지원 캠페인
엄마마저 떠난 자리
홀로 남겨진 수호
4
30
789

직장인 익명 커뮤니티 블라인드 게시글(2024년 6월 추정)

지 아는 사람 있어? 인건비 같은 거 다 빼고 정말 이 애한테 가는 거. 10%도 안 간단 사람이 있고, 80% 간다는 사람도 있고. 썰 말고 제대로 잘 아는 사람? 홈페이지 봐도 별 내용들이 없네."

비영리 모금 조직의 투명성 이슈는 2017년 새희망씨앗 사건, 이영학 사건 등으로 인해 '기부 포비아'라는 단어가 등장한 이래[69]로 언제나 이슈가 되었던 주제이고 여전히 이슈가 되고 있는 부분이다. 그러나 이전의 투명성 이슈가 기부금 횡령이나 사기 사건에서 시작되었던 것에

69 박미희 외, <2019 기부 및 사회 이슈 트렌드>, 사회복지공동모금회, 2019.

반해, 최근의 투명성 이슈는 비영리 기관의 관리 운영비에 초점이 맞춰져 있다. 이전의 투명성 이슈가 불법적인 행위에서 비롯되었다면, 최근의 투명성 이슈는 비영리 기관 자체의 운영에 대한 것이라는 점에서 차이가 난다.

직장인 익명커뮤니티인 '블라인드'에 올라온 게시글에서 볼 수 있는 것처럼, 해당 게시글에는 '내가 기부하는 돈이 어려운 사람들에게 얼마나 가는 거야?', '인건비랑 뭐랑 빼고 나면 실제 사용되는 돈은 5프로 정도라던데?' '이래서 기부하기 싫어. 길거리에서 박스 주우시는 할머니들 도와드리는 게 더 값진 것 같음'과 같은 댓글이 달려있다. 기부한 금액의 아주 일부만 수혜자에게 가고, 나머지는 어딘가로 사라져 버리는 것 같은 생각이 들어 의심하는 것이다.

많은 기관이 홈페이지에 수입과 지출을 공개하고 있고, 전체 기부금 중 얼마가 사업비와 운영비로 쓰였는지 보고한다. 대부분의 기관들이 기부금 모집 및 사용에 관한 법률에 의거하여 15% 이내로 관리 운영비를 사용하고 있다고 보고한다. 그런데도 기부자들은 그걸 믿지 않는다. 그리고 관리 운영비는 모르겠고, 내가 낸 기부금 중에서 실제로 수혜자에게 지원되는 금액이 얼마인지를 구체적으로 알고 싶어한다.

『기부불신』[70]이라는 책이 2024년에 화제였다. 이 책은 비영리 모금 조

---

70 이보인, 『기부불신』, 마음연결, 2024.

직의 운영비에 대한 기부자와 비영리 모금 조직의 관점이 다르고, 이 차이가 기부자의 불신을 야기하는 지점이라고 설명하고 있다. 핵심적 차이는 사업을 위해 들어가는 운영비이다. 이 비용을 비영리 모금 조직은 사업비로, 기부자들은 관리비로 생각한다는 것이었다. 앞서 블라인드의 사례에서처럼 기부자들은 '실제 수혜 대상에게 얼마가 전달되는지'가 중요하고, 그 이외의 비용은 모두 중간에서 사라지는 비용, '관리비'라고 생각한다. 사업 운영비도 '운영비'인 것이지, 일반 관리비와 사업을 위해 들어가는 제반 비용이 뭐가 다른지 이해되지 않는 것이다. 그래서 관리 운영비를 줄이기 위해 '꼼수'를 부린다고도 생각한다. 이것이 비영리 모금 조직이 '투명하지 않다'는 지점이다.

> 어렸을 때는 기부를 했으면 그게 약간 100% 전달돼야 되는 거 아닌가? [라고 생각했어요.] 어렸을 때는 그런 비즈니스 시스템을 잘 몰라서 그럴 수도 있는 게, 왜냐하면 기부금은 이제 완전히 수혜자분들한테 전달되는 거고, 기관 구성원들한테 주는 운영금이나 그런 거, 저는 다른 걸로 뭔가 버는 게 있다고 생각했어요. 그래서 다른 사업으로 번 거는 나눠 가지더라도, 기부금은 제대로 가야 된다 이렇게 생각을 했었는데…
>
> _강수정/시민패널 열트친, 20대, 여.

운영비에 대한 투명하지 않은 공개는 기업 CSR 담당자들도 비슷하게 느끼는 지점이다. 사업을 하기로 결정되고 나서 대부분 추후에 알게 되는데, 사업이 끝나고 결과 보고서를 받았을 때 비로소 정확하게 알

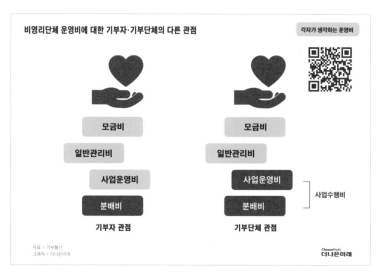

비영리 단체 운영비에 대한 기부자와 기부단체의 다른 관점

게 되는 경우도 있었다고 한다. 10%가 운영비라고 알고 있었는데, 사업을 위한 인건비, 게다가 이윤도 별도로 떼는 경우가 있어서 고개를 갸웃했던 적도 있었다고 한다.

> [사업] 결정이 되고 나서 추후에 알게 되는 거라 운영비 같은 경우는, 웬만하면 처음부터 오픈을 잘 안 해주시더라고요. (중략) 어쨌든 운영비로 들어가는 것을 개인 기부자도 별로 좋아하지 않고, 기관도 마찬가지로 우리가 낸 돈을 좀 더 가치 있는 곳에 사용했으면 좋겠다라는 생각 때문에… 계속 운영비를 줄이는 것 같다라는 생각이 좀 들어요.
>
> _신유리/시민패널 열트친·CSR 담당자, 30대, 여.

[많은 경우 사업비 100 중에, 5는 이윤, 10은 관리 운영비, 5는 인건비] 그렇게 되면 날아가는 비용이 기업 입장에서는 20%가 넘어가거든요. 100억짜리 사업을 하면, 20억이 관리비로 나가는 느낌이 있어요. 그런 거에 대해서 굳이 그렇게 해야 되나… _김영훈/CSR 담당자, 40대, 남.

사업 운영비를 운영비로 볼 것인지 아니면 사업비로 볼 것인지의 문제는 결국 사업 운영비가 왜 필요한지와 연결된다. 사업 운영비가 왜 필요한지, 왜 그만큼의 운영비가 들어가는지, 사업 전담 인력이 왜 필요하며, 그 사람은 어떤 일을 하는지에 대한 구체적인 정보가 없기 때문에, 기부자들은 '사라지는 돈'이라고 생각하는 것이다.

최근 행복나눔재단은 운영비에 관한 기부자들의 반응을 알 수 있는 간단하지만 흥미로운 실험을 진행했다. 첫 번째 실험에서는 9명의 기부자에게 100만 원을 지급하고, 운영비 10% 사용하는 기관 A와 운영비를 50% 사용하는 기관 B 중 한 곳에 기부를 하라고 했다. 9명 중 7명이 운영비 10%를 사용하는 기관에 기부를 했다. 두 번째 실험에서는 동일한 기부자에게 운영비 사용에 대한 자세한 설명이 추가로 제공되었다. 그랬더니 9명의 기부자 중 8명이 운영비 50%를 사용하는 단체에 기부를 했다. 운영비를 50%나 쓴다는 데도 6명이나 마음을 바꾸었다. 아동에게 단순 물품만 지급하는 것이 아니라, 전문적인 서비스가 제공이 되고 맞춤형 지원이 된다고 하니 당연히 그만큼 인건비와 관리비가 더 들겠다고 이해하는 것이다.

A단체 : 운영비 10% 사용

보호아동에게 학습교재와 용품을 전달.
필요 물품을 온라인 주문과 택배 배송을
통해 전달하여 비용 절감.

B단체 : 운영비 50% 사용

보호아동에게 진로와 자립을 지원.
아동별 맞춤 학습 콘텐츠와
전문가 상담/코칭/장기 멘토링을 제공.
프로그램 관리비와 인건비 등으로 인해
운영비 비율이 높음.

실험결과 results

	기부 실험 1	기부 실험 2
기부자 1	운영비 10%	운영비 50%
기부자 2	운영비 10%	운영비 50%
기부자 3	운영비 50%	운영비 50%
기부자 4	운영비 50%	운영비 50%
기부자 5	운영비 10%	운영비 10%
기부자 6	운영비 10%	운영비 50%
기부자 7	운영비 10%	운영비 50%
기부자 8	운영비 10%	운영비 50%
기부자 9	운영비 10%	운영비 50%

행복나눔재단 2024 SIT컨퍼런스 영상의 일부를 갈무리함.

인터뷰에서 만났던 개인 기부자, 기업 CSR 담당자들은 공통적으로
비영리 모금 조직이 조직의 관리 운영비와 관련하여 제대로 정확하게
알려주지 않으니 기부자들이 의심하고 급기야는 기부를 중단한다고
말한다.

우리는 1년 동안 기부자들한테 100억을 받았고 대충 70억은
[사업비로] 왔고 인건비와 활동 지원비로 얼마가 나왔고… 이
러고 알아야 되는데, 그걸 너무 숨기니까 오히려 '활동가들 월

급으로 다 나간다'… (중략) '아니야 저 위에 사람들이 다 먹어', '마케팅하느라고 돈 다 써가지고 아무도 안 도와줄 걸', 이런 생각을 준다고 저는 생각하거든요. 요즘같이 투명한 세상에, 여기 너무 불투명하게 운영하고 있다는 생각이 들어요.

_권현영/개인기부자, 40대, 여

[사업 전담 인력의 인건비와 관련하여] 이분이 맡는 일에 대해서 진짜 정확하게 솔직하게 이야기해 줘야 돼요. (중략) 그 사람의 잡 디스크립션job description이 명확해야 되는데, 되게 나이브하게 이 사람이 그냥 관리하고 총괄하고… 의미없이 막 본부장급도 들어와 있고 이렇잖아요. (중략) 실제로 인건비나 필요한 부분에 대해서 명확히 정의를 해야 된다[고 생각해요].

_김영훈/사회공헌 담당자, 40대, 남

관리 운영비 이슈와 관련하여 기부자들은 운영비가 필요하다는 것을 대부분 인지하고 있다. 좋은 사업을 하려면, 그리고 양질의 서비스를 제공하려면 인건비가 들어갈 수밖에 없다고 생각한다. 따라서 사업 관리비와 인건비가 왜 필요한지, 그 비용이 추가되면 사업이 어떻게 더 질적으로 고도화될 수 있는지, 그렇게 하기 위해 사업을 전담하는 사람들이 무슨 일을 어떻게 할 것인지, 그 과정에 대한 정보와 지식을 충분히 공개하여 기부자들이 이해할 수 있도록 하는 것이 필요하다. 그래야 그 정보와 지식이 기부자들의 머릿속으로 들어와 자리잡을 수 있다. 그것이 기부 감각이기도 하다.

이 일은 사람이 하는 일이고, 그 안에서 당연히 중간 운영비가 들어갈 수밖에 없는 거고, (중략) 물론 돈을 효과적으로 쓰는 것도 중요하죠. (중략) 양질의 서비스를 제공하고 있느냐를 더 판단해야 되는데, 단순히 돈을 이만큼이나 써? 약간 요 취지로 가다 보니까, 서로 인식이 안 좋아지는 것 같다는 생각이 항상 드는 거고. (중략) '이런 운영비는 다 정부에서 지원을 해야지'라고 생각을 할 수도 있고… _최한솔/개인기부자, 30대, 남

저는 솔직히 그 기부금이 100% 다 전달되지 않는다는 건 알고 있었는데, 정확히 어느 정도가 운영비로 쓰이는지를 알고 싶고, (중략) 방송 프로그램도 솔직히 그게 계속 유지가 되려면 운영비가 필요하잖아요. 그래서 만약에 내가 저 그 후원 광고를 보고 이만큼을 기부하더라도 정작 방송에 나온 저 친구들한테 돌아가는 게 얼마일까라는 생각을 그때 했었어요. 그래서 운영비로 쓰이는 거는 어쩔 수 없는 거고, 그게 없으면 기부 자체가 이루어질 수 없으니까 쓰여야 하는 건 맞지만, 어느 정도 쓰이는지는 알려주면 좋겠다는….

_송현서/시민패널 열트친, 10대, 여

기부 감각을 깨우는
사회적 조건

기부라는 것을 '공익을 위한 자발적 참여'라고 생각할 때, 이러한 기부를 한 번도 해 본 적도, 생각해 본 적도 없는 사람들이 있다. 대부분은 기부라는 것을 접해볼 기회조차 갖지 못한 경우이다. 애초에 접해볼 수 없었으니 당연히 기부 감각이 섬세하지 못하다. 다른 한편으로는 들어는 봤다 해도 선뜻 행동으로 옮기기엔 주저되는 경우이다. 이럴 때는 트리거Trigger가 있어야 한다. 생각을 행동으로 옮기게 할 계기말이다. 이러한 것들은 한 사회의 전반적인 기부 문화와 직접적으로 관련된다. 사람들이 섬세한 기부 감각을 갖도록 하기 위해서는 그만큼 기부 문화가 활성화돼야 한다. 더 많은 사람이 기부의 감각을 가질 수 있도록 하기 위해서 정책적, 제도적, 사회적인 조건들이 갖추어져야 한다. 기부 문화를 확산하기 위해 필요한 제반 요건들은 무엇일까?

나눔도 교육이 필요하다

기부자들은 기부를 '좋은 사람'이 될 수 있는 방법이면서, 동시에 '좋은 사람'이 되기 위한 노력이라고 말한다. 여기서 '좋음good'이란 객관적으로 좋고, 선함을 의미하는 것이 아니다. '나는 괜찮은 사람이야I'm a good person' 정도의 자의식을 말한다. 나 이외의 다른 사람을 생각하고, 나 이외의 다른 생명체도 생각하고, 내가 당장은 불편하더라도 미래의 아이들을 생각하는, 그래서 우리 사회가 더 괜찮은 사회가 되었으면 하는 마음으로 기부를 하는 사람들, 이런 사람들이 스스로 '나는 괜찮은 사람이야'라는 자의식을 갖게 되고, 이것이 기부 감각 발전의 자연스럽고 바람직한 방향이다.

그런데 실상 기부는 여전히 많은 사람에게 낯설게 느껴진다. 이미 기부를 하고 있는 사람들은, 기부가 꽤 괜찮은 일임에도 불구하고 많은 사람에게 낯설게 느껴지는 까닭이, 기부가 너무 크고 어려운 일이라는 편견 때문이라고 말한다. 그 편견이 사회에 퍼져있기 때문이라는 것이다. 그들은 이런 편견을 넘어 기부 이미지가 더욱 친숙해지기 위해 정부가 해야 할 일이 있다고 말한다.

> 더 많은 사람들이 기부에 참여하기 위해서는 우선 기부가 갖고 있는 이미지를 더욱 친숙하게 만들어 줘야 한다고 생각해요. _안성훈/시민패널 열트친, 20대, 남.

기부에 관대한 사회 분위기 형성도 중요하다고 생각합니다. 내 코가 석 자인데 누구를 돕느냐는 생각이 제 주변에 전반적으로 퍼져 있는 것 같아요. 기부는 너무 크고 어렵고 내 살을 깎아서 하는 것이라고 생각하는 사람들도 많은 것 같아요. 특히 정부가 이 부분의 인식 개선을 위해서 노력해야 한다고 생각해요. 큰 돈이 아니라, 내 작은 행동도 기부가 될 수 있다는 것을 알리고, 초중고 어린 시절부터 기부를 가까이 하면서 자랄 수 있는 환경을 만든다면 기부에 대한 인식이 바뀔 것입니다. _송현서/시민패널 열트친, 10대, 여.

기부를 통해 좋은 사람들이 많아지기 위해 꼭 필요한 방법 중의 하나가 '나눔 교육'이다. 어려서부터 다양한 지식을 배우듯이, 어릴 때부터 자연스레 기부 지식을 배우면서 교육을 통해 기부 감각을 키우는 게 필요하다는 것이다. 나눔 교육은 학교에서, 그리고 부모님으로부터 보고, 느끼고, 배우는 과정을 통해 자연스럽게 이루어질 수 있다. 교육을 통해 잘못된 편견과 오류가 정정되는 것처럼 나눔 교육을 통해 기부에 대한 편견도 교정되면 진입 장벽이 낮아지며 기부가 더 친숙하고 자연스러우며 당연한 것으로 받아들여질 수 있다고, 기부자들은 말한다.

지금 돌이켜보니, 기부라는 것도 어릴 때부터 자연스레 배우는 과정이 있어야 한다는 생각이 듭니다. 강요할 수야 없겠으나, 기부라는 것이 엄청난 고액이 아니어도 되고, 어린 나이에도 할 수 있고, 합심해서 참여할 수도 있다는… 교육받는 시

간이 꼭 필요하다고 생각합니다. 기부에 대한 진입 장벽 자체
가 낮아져야 할 것 같습니다. _최한결/시민패널 열트친, 30대, 남.

그게 아무래도 부모님 영향도 많이 받고… 내가 남을 위해서
하는 거지 뭐. 어디 가서 할 필요는 없는 거거든요. 그런 것도
보니까 영향이 있는 것 같아. _오태호/개인기부자, 80대, 남.

여러 고액 기부자도 기부를 하게 된 이유로 어릴 때부터 보아온 부모
의 기부 활동을 꼽는다. 그리고 자기 자녀들도 본인을 보며 기부에 자
연스럽게 참여할 수 있도록, 대를 이어가는 기부의 경험, 유전처럼 이
어지는 기부가 되길 바란다.

초등학교 1학년 딱 들어가면은 우선 기부하는 거를 가르쳐야
되겠다고 [생각했어요] 저는. 그래서 이렇게 통에다가 동전 넣
어가지고, 연말 되면은 그 통째로 보내는 그걸 애들한테 시켰
어요. 그러니까 지금 [애들이] 50이 넘었는데도 여전히 기부
생활을 하더라고요. 애들이 열심히 하고 있어요. 얼마 하냐 물
어보지는 않는데 열심히 하고… (중략) 아너[71]에 가입하신 분
들 같은 경우는 자제분들도 부모의 그런 기부 활동에 대해서
대체적으로 다 동의하는 친구들이 많습니다. 그리고 기부하시

---

71 사랑의열매 고액 기부자 모임.

는 분들 보면 요것만 한 게 아니고, 이전에 쭉 그런 활동을 해 오셨던 분들이 대체적으로 많거든요. 그러다 보니까 자제분들도 어릴 때부터 그 부모가 그렇게 하는 걸 보고 자랐기 때문에, 거기에 대해서 별 거부감이 없어요. (중략) 그냥 보고 배우는 거니까. 그래서 기부는 아마 유전이 되는 것 같다, 이렇게 생각을 합니다. _이정환/개인기부자, 60대, 남.

이처럼 보고, 듣고, 배우고, 느끼면서 그 감각이 정신 속에 각인되기에 어릴 적 '나눔 교육'은 그만큼 중요하다. 그러나 현재 체계적으로 진행되는 나눔 교육은 거의 전무한 상태라 해도 과언이 아니다. 비영리 모금 조직에서 진행되는 각종 공모전(그림 대회, 글짓기 대회 등)이나 학교를 통해 진행되는 학교 모금 외에는 나눔 교육 자체가 존재하지 않는다. 특히 학교에서 가끔씩 진행되는 기부 활동은 아이들 눈높이에 맞지 않는 경우가 많아, 아이들에게 기부에 관한 좋은 경험을 느끼게 할 수 없다는 점에서 기부자들은 아쉬움을 토로했다. 학교를 통해 받는 기부 요청 홍보물도 아이들이 직접 기부를 경험해볼 수 있게 되어 있지 않고, 결국은 부모가 기부를 하게 한다는 점에서 아이들에게는 경험이 되지 못한다고 말한다.

학교랑 유치원에서, 그리고 그것도 되게 비싼 인쇄지를 써서, 이렇게 이렇게 이렇게, 세 장짜리 이렇게 이렇게 덮어가지고 오거든요. 근데 저는 이게 진짜 아깝거든요. 마케팅을 할 거였으면, 거기다 그냥 계좌번호만 넣어줘도 됐어. 그랬으면 이 아이들은 이미 ATM에 가가지고 돈을 이체하는 걸 옆에서 보긴 하거든요. 그러니까 이걸 볼 수 있게만 해줘도 되는데… (중략) [어릴 때부터] 경험을 심어줘야 된다라고 생각하고… 그리고 어린이들이 기부하기에 기부처가 너무 적다, 그 생각을 하거든요. _권현영/개인기부자, 40대, 여.

그러나 한국에서도 2020년 이전에는 비영리 모금 조직에서 진행하는 '나눔 교육'이 있었다. 〈사랑의열매〉에서 2013년~2017년까지 진행했던 '찾아가는 나눔 교육'과 〈아름다운재단〉에서 2014년~2019년까지 진행했던 '나눔 교육 반디'와 '청소년배분위원회' 활동이 대표적이다.

유치원 찾아가는 나눔교육 진행 사진.
2017년 한 해 기준, '찾아가는 나눔교육'은 전국에서 12,324회 진행되었다. (출처: 사랑의열매 내부자료)

'어서와! 청소년배분위원회는 처음이지? 배분위원회 경과보고' (출처: 아름다운재단 내부자료)

'찾아가는 나눔 교육'은 유치원부터 초등학생까지를 주된 대상으로 여러 번에 걸쳐 진행하는 교육이다. 신청학교로 나눔교육강사(자원봉사)가 직접 찾아가서 자체 교안으로 진행한 교육이었다. 이를 위해 사랑의열매는 나눔강사 양성사업, 초중고 교사연수 사업, 성인(일반인, 부모, 공무원, 직장인) 나눔 교육 등을 진행한 바 있다. 나눔 교육의 일환으로 사랑의열매는 초중고 나눔공모전, 나눔체험관 운영을 시작했고, 그것들은 현재도 진행 중이다.

아름다운재단은 청소년들의 주도적이고 자발적인 공익 활동을 발굴하고 지원하는 것을 목적으로 나눔 교육을 진행하였다. 재단이 직접 진행하는 나눔 교육 '반디', 학교에 성인 멘토를 파견하여 교육을 진행하는 '반디 학교', 그리고 청소년들이 직접 배분의 주제를 선정하고 심사하는 '청소년배분위원회'를 운영하였다. 2014~2019년 동안 반디와 배분위원회를 통해 2,488명의 청소년 활동가를 지원하는 성과를 거두기도 하였다.

사랑의열매가 유치원생과 초등학생에 초점을 맞춘 나눔 교육을 진행했다면, 아름다운재단은 청소년들에게 초점을 맞춘 나눔 교육을 진행했다는 것이 특징이다. 그러나 두 기관 모두 2020년 이후로는 나눔 교육을 진행하고 있지 않다. 물론 학교에서 교사 재량으로 다양한 활동들이 진행되고 있으나, 순전히 선생님들의 재량과 역량에만 의존하는 것인 만큼 현실적으로 안정성을 담보하기 어렵다. 교사의 입장에서는 교육을 할 만한 자료를 구하기도 쉽지 않을 뿐만 아니라, 학부모의 반발이 있으면 더 이상 진행하기도 어렵기 때문이다.

우리 사회의 나눔 문화를 확산하고 활성화하기 위해서는 어렸을 때부터 나눔의 씨앗과 나눔의 DNA를 자연스럽게 몸에 새길 수 있는, 기부 감각을 어렸을 때부터 높일 수 있는 나눔 교육이 필요하다. 나눔이 몇몇 특별한 사람의 '착한' 행동에서 머물지 않도록 하기 위한, 법적, 제도적으로 나눔 교육을 정착시키는 방안이 요청된다.

> 그런 캠페인이 학교 차원에서 이루어진다? 그러면 좋지 않겠나. (중략) 어쨌든 기부를 하면서 (중략) 이렇게 좀 특별한 경험을, 기억에 남는 경험을 하게 되면, 그게 나중에는 자산, 기억

자산으로 남아가지고 기부할 수 있는 작은 토대가 되지 않겠나. 씨앗이 발아돼서 식물이 되고 나무가 되든지, 그런 것들이 아닌가··· _박장원/개인기부자, 40대, 남.

사회적 인정은 기부자를 춤추게 한다.
· ·

기부 감각을 깨우고, 확산하기 위해서는 기부하는 사람들을 인정해 주는 사회적 분위기도 필요하다. 특히 고액 기부자들은 고액을 기부하는 것에 대한 사회적인 존중과 인정, 자긍심을 심어주는 노력이 필요하다고 말한다.

'아너소사이어티'가 '토크빌소사이어티' 그걸 벤치마킹해서 한 건데, 거기에 가입한 멤버들은 사회적으로 정말 존중받거든요. 지금 A기관에서도 해야 될 일이 '명문가'라고 말만 붙여주는 게 중요한 게 아니고, 정말 사회적으로 가족들이 다 이렇게 기부하는 명문가다, 기부 명문가라는 게 참 자랑스러운 일이다, 하는 자긍심을 심어줄 수 있는 거를 자꾸 생각해서 만들어 주는 게 필요하다고 생각해요. 정말 그건 필요해요.
_이정환/개인기부자, 60대, 남.

기부를 하는 게 멋있어 보여야 되는데, 그렇죠? (중략) 그러니까 [기부한 사람을 보고] 따라 할 수 있는 뭔가가 있어야 되는

데 그게 없잖아요, 우리나라에. 그러니까 이걸 조명해 주고, 잘했다 잘했다 해주고, 칭찬해 주고, 그러면 이제 그렇지 않은 사람들이 따라 하게 만들어 주는 그런 게 좀 있으면 좋겠다, 그런 생각이 들었습니다. _이진환/개인기부자, 40대, 남.

기업의 사회적 책임 활동도 마찬가지다. 기업이 사회 공헌 활동 등을 통해 사회적 책임을 실천할 때, 그런 행동에 대한 사회적 인정은 긍정적인 효과를 불러온다. 그런 활동을 장려하고 확산하는 데 사회적 인정이 결정적인 도움을 제공하기 때문이다. 반대로 사회적 인정이 없고 가치 부여가 적다면, 그러한 활동은 확산되기도 어렵고, 당연히 관련 업무를 하는 사람들의 의욕이 꺾인다. 기업의 사회적 책임 활동이 기업에게 직접적인 재정적 이익을 가져오는 것이 아니기 때문에, 언론과 비영리 현장, 그리고 정책상으로 활동의 가치와 의미를 인정하고 장려하는 기제가 필요하다.

사회와 어떤 호흡을 하면서, '아 이렇게 우리 기업을 통해서 사회가 도움이 되고 변화하는 데, 이 사람이, 이 팀이 이렇게 기여를 했구나'. 제대로 인정받고, 가능하면 자리도 좀 많아지고, 그래야 기업 담당자들도 [더 좋은 사회공헌사업을] 고민을 해요. 근데 지금은 그게 아예 없어요. _오민형/CSR 담당자, 40대, 남.

사회 전체적으로 언론을 포함해서 칭찬해 주고 격려해 주고 하는 것이, 눈에 보이지 않는 사회공헌팀의 KPI였거든요. 근데 그런 게 그냥 다 사라졌어요. (중략) 안타까운 건… 내부 외부 모두에서 좀 더 사회 공헌의 의미와 가치, (중략) 밸류를 인정받아야 되는데… 내부에서 이게 밸류 인정받기가 어렵잖아요. 아무래도 돈을 버는 부서가 아니니까. 근데 옛날에는 이 밸류를 외부에서 부여해 줬어요. 그렇잖아요. 언론에도 많이 나오고, 여러 가지 분위기 자체가 그랬는데. [지금은] 외부에서 밸류 부여를 안 하니까, 내부에선 더 안 되고… (중략) 아무래도 좀 축소되고… 이렇게 적극적으로 활동을 하기가 어려운 구조가 아닌가 그런 생각이 들어요. _한수경/ESG 컨설팅, 40대, 여.

공익을 위한 자발적 활동에 참여하는 사람에 대한 사회적 인정의 방법은 다양할 것이다. 2023년 경상남도에서 제정된 '사회공헌자 예우에 관한 조례'는 참고 사례가 될 만하다. 2023년 6월 13일에 제정되고 시행된 이 조례는 우수한 활동을 한 사회공헌자(개인, 법인, 단체)를 인증하여 '명예의 전당'에 등재하고, 도가 주관하는 주요 행사의 전시 관람권 지급, 도가 운영하는 공공 시설의 입장료, 주차료, 관람료 감면 등의 혜택을 준다. 물론 공익을 위해 자발적으로 자신의 것을 내어 놓는 사람들에게 소소한 감면혜택을 주는 것이 '예우의 방식'이냐고 반문할 수도 있으나, 명예의 전당에 이름을 등재하고 소소하지만 일상에서 그 가치를 인정받는 경험을 하는 것, 이것이 바로 기부자들이 사회적 인정을 경험하게 하는 방식이 되지 않을까.

기부자들은 기부의 대가로 무엇인가 큰 것을 받으리라 기대하지 않는다. 기부에 상응하는 무엇인가 원한다면, 이미 대가를 바라고 한 일이 되기 때문에, 그런 기대감이 기부의 순수성을 해친다고 기부자들은 생각한다. 다만, 자신을 행복하게 만드는 기부라는 '좋은 행동'에 더 많은 사람들이 동참하길 원하는 것이다. 그들은 나의 몸과 정신에 오롯이 새겨져 있는 이 기부의 감각을 더 많은 사람이 같이 느끼길 원한다. 이것이 기부라는 행동에 대한 사회적 가치 부여, 사회적 인정이 필요한 이유이다.

부록 1
기부트렌드
2025
참여자

기부트렌드 2025 참여자

2025년의 기부트렌드 도출을 위해 일반 시민과 비영리 활동가로 구성된 '기부트렌드 패널'을 공개 모집했다. 최종적으로 시민패널(열매 트렌드 친구, 이하 '열트친')은 18명, 활동가패널(열매 트렌드 메이커, 이하 '열트메')은 13명이 선발되어 활동에 참여했다. 패널은 2024년 6월부터 8월까지 3달간 기부 및 모금 활동과 관련하여 다양한 주제로 논의를 진행했으며, 패들렛padlet.com과 카카오톡 오픈 채팅방을 활용한 온라인 활동과 오리엔테이션 및 3차의 라운드 테이블을 통한 오프라인 활동으로 이루어졌다.

기부트렌드 패널 외에 추가적으로 개인기부자와 기업사회공헌 담당자, 비영리 전문가, 지역사회기관 실무자 등 다양한 집단의 대상자를 만나 인터뷰를 진행하였다. 개인정보 보호 및 존중을 위해 참여자의 이름은 가명으로 바꾸었다.

기부트렌드 패널 – 시민패널 '열트친' 참여자

시민패널은 대학생, 취업준비생, 회사원, 사회활동가 등 다양한 시민들로 구성되었다. 참가자의 평균 연령은 30.3세로 19세부터 55세까지 폭넓은 연령대에서 참여했다. 참가자들은 다양한 분야에서의 기부와 봉사 활동 경험을 가지고 있었으며, 기부 문화, 네트워킹, 소셜 임팩트 등에 관심을 가지고 있었다.

▶ 김강현(30대, 남). 비영리 분야 활동가, 기부 프로젝트 진행, 지역사회/인권 관심 | 사회 문제 해결을 위해서는 건강한 비영리 생태계가 필요하다고 생각하는, 그리고 올바른 기부 문화가 그런 비영리 생태계의 길을 더욱 단단하게 만들어 준다고 믿는 비영리 활동가입니다. 서로의 생각과 시선을 주고받는 시간들은 언제나 값집니다. 기부 문화의 건강한 변화를 위해 함께 고민하고 이야기를 나눌 수 있어 참 좋았습니다. 우리가 함께한 시간들이, 누군가는 해야만 하는 일을 멈추지 않으면서 사회를 더 나은 곳으로 만들기 위해 곳곳에서 애쓰는 분들이 한 발 더 내딛을 수 있도록 돕는, 그런 힘이 되었으면 좋겠습니다.

▶ 김윤영(50대, 여). 사회복지사, 아동/청소년/장애인 관심, 아동분야 기부 | 사회복지사로 20년 넘게 활동하고 있습니다. 기부도 했지만 기부를 받는 입장에 종사하다 보니 조금은 진부해졌던 것 같아요 열트친 참여로 기부에 대한 멋지고 재미있는 아이디어를 많이 얻었어요. 열정이 넘치는 열트친들 모두 최고였어요^^ 라운드 테이블 때 식사는 굿굿 베리굿이었어요.

▶ 노상욱(20대, 남). 회사원, 재해 관련 기부, 헌혈, 청년/지역사회/보건 관심 | 과거 의연금부터 현재 고향사랑기부제까지 기부와 관련된 가장 큰 기관에 의견을 전달할 수 있다는 점이 아주 매력적이었습니다.

▶ 박세빈(20대, 여). 취업 준비, 해외아동 결연후원, 다분야 기부 경험 | 개인의 다정한 마음들이 모여 사회를 조금씩 밝힐 수 있다고 믿습니다. '기부'라는 주제에 관해 다양한 사람들의 의견을 듣고 배우고, 또 같이 발전시킬 수 있어 즐거웠던 시간이었습니다. 현재 사회 초년생으로서 기부는 내게 어떤 의미인지, 앞으로 어떤 부분에 주목하고 목소리 내고 싶은지 깊이 생각해볼 수 있는 시간이었던 것 같습니다! 의미 있는 경험을 열정적인 분들과 함께할 수 있어 행복했습니다!!

▶ 박재진(30대, 남). 회사원, 공공기관 업무 및 사회 공헌 활동 경험 | 공공기관, 금융권 사회 공헌 재단에서 경영기획(인사, 재무 등)을 담당하며 분야를 가리지 않고 활동하고 있어요. '원하는' 대화, 관계, 기부 공부를 했던 시간이었습니다. 사회, 기부, 사회 공헌 그리고 각자의 삶의 이야기를 들으며 무지의 지평선을 넓혔던 시간이었습니다.

▶ 서민정(40대, 여). 회사원, 다양한 분야 기부 경험, 아동/청소년/지역사회 관심 | 2025 기부트렌드를 정해주는 서민정~!! :) 사회 공헌 업무 경험과 기부 나눔 활동 경험을 배경으로 현재의 트렌드를 분석하여 다가오는 미래의 기부트렌드를 예측하고 미리 준비하는 그 과정에 함께할 수 있어서 행복했습니다. 과거와 현재의 기부자가 미래의 기부 기획자가 되는 아름다운 순간이었어요!!

▶ 송현서(10대, 여). 대학생, 지역 단체 봉사활동, 아동 분야 기부 | 안녕하세요. 꾸밈없는 나눔을 하고 싶은 송현서입니다. 앞으로 '나눔'이란 어

떤 것인지 더욱 고민하게 될 제 모습이 기대됩니다. 같이 활동하는 동안 많이 배울 수 있는 뜻깊은 시간이었고, 함께할 수 있는 기회 주셔서 감사합니다.

▶ 안성훈(20대, 남). 대학생, 봉사 활동, 헌혈, 영상 제작 재능 기부 | 이 사회가 더 나은 세상으로 나아가길 희망하는 한 소시민입니다. '기부'에 관해 막연한 생각만 갖고 지원했습니다. 기부는 우리 삶의 일부로 이미 스며들고 있다는 걸 체감했으며, 이처럼 사회가 제 기능을 다할 수 있도록 보이지 않는 곳에서 노력하는 여러 패널 분들을 뵙게 되어 영광이었습니다.

▶ 유현재(20대, 남). 대학생, 해외 아동 결연 후원 경험, 아동분야 기부 | 사회복지를 전공하고 있는 대학생입니다. 평소에 혼자서만 생각하고 있던 기부와 나눔에 관한 이야기를 다른 분들과 공유할 수 있는 귀한 시간이었습니다. 매주 질문에 대한 답변을 달고 다른 답변을 보면서 그동안 알지 못했던 사실도 새롭게 알아갈 수 있었습니다. 앞으로 제가 어떤 나눔을 할지 결정하는 계기가 되었습니다.

▶ 윤서준(30대, 남). 회사원, 청년/지역사회 관심, 지역단체 봉사 및 기부 | 다양한 주변 봉사 활동에 관심있는 시민입니다. 활동을 통해서 보이지 않는 노력을 하시는 분들 덕분에 우리 사회가 따뜻하게 운영이 되는 것을 알았습니다.

▶ 이건우(20대, 남). 대학생, 봉사 동아리 활동, 헌혈, 아동 분야 기부 | 저는 간호대학 3학년으로 재학 중입니다. 현재 문예지 시 부문 신인문학상을 수상하여 문단 등단 후 문인협회에서 신인 작가로 활동하고 있습니다. 3개월 동안 너무 뜻깊은 활동을 한 것 같아 뿌듯합니다. 저는 MZ세대의 느낌으로 한마디 하겠습니다. "열·트·친 2기, 정말 럭키비키자나"

▶ 이시아(20대, 여). 대학생, 교내 봉사단 단장, 장기 기증 캠페인 진행 | 선한 영향력을 주고받는 사람이 되고 싶은 대학생입니다. 사회적 가치의 의미와 중요성에 대해 고민할 수 있는 시간이었습니다. 앞으로 단순한 기부를 넘어 더 나은 사회와 가치를 만들고 싶다는 새로운 꿈을 가지게 되었습니다.

▶ 이영한(40대, 남). 육아 문화 인식 개선 활동, 아동/청소년/지역사회 관심 | 양육에 대한 시민들의 좋은 인식과 아버지의 공동 육아가 당연해지는 사회를 만드는 활동을 하고 있습니다. 사랑의열매 기부트렌드 문화를 접하며 많은 사람과 다양한 생각들을 교류하면서 기부의 다양성을 배웠습니다. 기부에도 시대에 따른 트렌드가 있듯 모두의 기부 방식은 존중받아야 합니다. 양육을 하는 모든 사람의 양육 방식도 트렌드에 맞게 바뀌며 존중받기를 응원합니다.

▶ 최준희(20대, 여). 대학생, 봉사동아리 활동, 아동분야 기부 | 작지만 따뜻한 마음이 모이면 세상에 크고 아름다운 변화를 불러일으킬 수 있

다고 믿고 있습니다. 그동안은 관성적으로 기부만 하는 무책임한 기부자였다면, 패널 활동을 하면서 책임감 있는 기부자로 성장한 것 같습니다! 좋은 분들과 세상을 더 가치 있게 만들기 위한 이야기를 나눌 수 있어서 너무 좋았습니다. 앞으로도 열트친 활동했던 시간 잊지 않고, 세상에 좋은 영향을 미칠 수 있도록 노력하겠습니다 :)

▶ **최한결(30대, 남). 회사원, ESG/CSR 업무 경험, 물품기부, 모금회 연계 행사 경험 |** 박사과정에서 행정학을 수학했으며, 현재 대체투자 전문 자산운용사에서 전략기획부문 브랜드전략팀 팀장과 ESG LAB의 연구위원을 맡고 있습니다. 기부뿐 아니라 사회 공헌, ESG 등 폭넓은 주제로 밀도 있게 토론할 수 있었습니다. 앞으로도 공익에 방점을 찍고 일하고 고민하는 동료·선후배들과 더 나은 사회를 만드는 데 힘을 합치고 싶습니다. 귀한 자리에 동참할 수 있어 감사했습니다.

▶ **강수정(20대, 여). 취업 준비, 사회 공헌과 소셜 임팩트에 관심, 아동 분야 봉사 활동**

▶ **신유리(30대, 여). 회사원, ESG와 사회 공헌 관련 업무**

▶ **정은성(20대, 여). 대학생, 교육/환경 관련 봉사활동, 청년/환경/노동 관심**

기부트렌드 패널 – 활동가패널 '열트페' 참여자

활동가패널은 비영리 조직 현장에서 종사하는 사람들(관련 분야 근무 경력 7년 이상)을 대상으로 공모했으며, 재단법인, NGO, 병원, 연구소, 지역복지관 등 다양한 소속으로 구성되었다. 평균 연령은 39.1세였으며, 현장에서 몸소 느끼고 체험하는 모금 분야의 현황과 트렌드에 대해 논의하는 활동을 진행했다.

▶ 김상원(40대, 남). 비영리 법인 근무, 기부 캠페인, CSR 및 고액후원 업무 | 조용한 관종, 친절한 아저씨. 꽤 즐겁게 활동했어요. 배우는 것도 많았고, 재밌었습니다. 다음을 기약합니다.

▶ 김유정(30대, 여). 비영리 법인 근무, 모금 캠페인 기획/운영 | 대중에게 "여기 도움이 필요한 곳이 있어요!"라고 알리고 참여할 수 있는 캠페인을 기획하는 일을 해오고 있습니다. 기부 문화 확산을 위해 현장의 모금가들이 머리를 맞대고 대중에게로 뛰어들었던 경험과 고민들을 나눌 수 있어서 유익했습니다.

▶ 손다연(30대, 여). 비영리법인 근무, 후원자 발굴 및 CSR 기획/수행 업무 | 2014년부터 ○○기관에서 모금가(펀드레이저)로 활동 중인 11년 차 사회복지사이며, 기업 사회 공헌 사업 수행과 개인기부자 개발 등 아동 관련 다양한 사회 공헌 사업 수행한 경험이 있고, 모금 활동을 통해 나눔 문화 확산에 기여하고 있습니다. 패널 활동을 통해 다른 단체의 모금

가들과 소통하며 각 단체의 모금 활동을 비교 분석하고, 서로의 모금 노하우를 공유하는 뜻깊은 시간을 가졌습니다. 또한, 모금활동 시 겪게 되는 여러 어려움을 함께 나누면서 각 단체가 가지고 있는 당면 과제와 기부 문화 활성화를 위한 전략을 모색할 수 있었던 유익한 시간이었습니다.

▶ 오상원(30대, 남). 사회복지사, 노인 돌봄, 지역 조직화 사업, 후원자 개발/관리 | 푸르름이 한결같은 청년 사회복지사. 다양한 분야에서 활동하는 활동가와 소통하고 패널 활동을 하면서 함께 성장하는 즐거움이 느껴졌고, 지역 안에서 이루어지는 다양한 기부의 움직임들을 알게 되어 오늘도 갓생을 산 것 같은 느낌을 받았다.

▶ 윤혜성(30대, 남). 비영리 법인 근무, 모금 및 마케팅, 사회 공헌 기획/실행 | 10년차 사회복지사 :) 많은 분의 의견과 토론을 진행하면서 제가 생각하지 못했던 부분을 생각해볼 수 있던 좋은 시간이었습니다. 소중한 시간이었고 새로운 인사이트 정말 많이 받아갑니다. 모두들 현장에서 힘내시고 더 좋은 기회로 만났으면 합니다 :)

▶ 이민현(40대, 남). 병원 근무, 모금 캠페인, 고액 모금, 대중 모금 관리 | 2024 파리 올림픽에서 팀코리아의 경이로운 성과 못지않게 2025 대한민국 기부 문화의 트렌드를 만들어가는 데 일조한, 재간둥이 □□ 아빠입니다. 더 많은 소통의 기회를 가졌으면 좋겠다고 생각하던 중 벌써 활동을 마감하게 되었습니다. 한 조직에 오래 근무해 온 저에게는

다양한 분야의 전문가들과 많이 소통하며 배우는 의미있는 시간이었습니다. 운영진 여러분 감사합니다.

▶ 이수원(30대, 여). 비영리 법인 근무, 사회 공헌, 모금 업무, 임직원 캠페인 운영 | 즐거운 기부 문화를 만들고 싶은 활동가. 패널 활동을 하면서 기부자 관점을 깊게 생각할 수 있는 기회이자 다양한 생각을 나누며 개인 역량을 키울 수 있어 좋았습니다. 특히 2025년 기부트렌드에 조금은 기여했다는 점이 뿌듯합니다.

▶ 이세나(30대, 여). 사회복지사, 후원 사업 실무 및 관리 | 행복은 마음으로부터 시작되는 것! 나의 실천이 지역 사회 그리고 우리의 복지 변화에 도움이 되었으면 하는 마음을 가진 활동가입니다. 길다면 길고 짧다면 짧았던 시간, 다양한 분야에서 근무 중인 선배님들과 함께해서 너무 즐거운 시간이었습니다. 열트메 패널 활동으로 많이 배우고, 시야도 넓힐 수 있는 좋은 기회가 되었습니다. 이 기회를 토대로 현장에서도 열정 잃지 않고 더 힘내서 일하겠습니다.

▶ 장원준(30대, 남). 비영리 법인 근무, 지역 사회/온라인 모금, 디지털 마케팅 활동 | 비영리 마케터 장원준입니다. 비영리 섹터에서 개인적으로 경험하고 고민하는 것들을 다양한 실무 그룹군과 자유롭게 공유할 수 있어 좋았고, 특히 시민패널의 살아있는 이야기를 실제 듣고 참고할 수 있었던 건 큰 의미가 있었습니다.

▶ 최현석(40대, 남). 사회적 경제 분야 근무, 사회적 기업 지원/정책개발 등 담당 | 사람들의 연대로 더 나은 세상을 만들고자 합니다. 지금까지 일해 왔던 영역과 조금 다른 분야에 계신 분들과의 만남이 즐거웠어요. 또한 함께하신 분들의 열정과 고민을 느낄 수 있어 좋았습니다

▶ 홍지영(40대, 여). 비영리 법인 근무, 후원/모금 관련 업무 담당 | 나눔과 기부를 소명으로 여기는 사회복지사, 활동가. 즐겁고 유익했던 만남의 장, 소명과 열정의 사람들, 희망 넘치는 한국사회복지를 만나다.

▶ 황명호(30대, 남). 비영리 법인 근무, 대면 캠페인 모금 활동 진행 | ◇◇ 재단 캠페인사업부 팀장, 대면모금 캠페인을 운영 및 진행하고 있습니다. 다양한 분야와 영역에서 모금을 진행하는 활동가분들과 자유롭게 얘기 나눌 수 있어서 좋은 시간이었습니다.

▶ 차은빈(40대, 여). 비영리 법인 근무, 다수 모금/마케팅 경력, 모금교육 및 기획

심층 인터뷰 참여자

1 개인기부자

이름(가명)	연령대	성별	특징
이주은	50대	여	비영리단체 근무, 아동/가족 분야 기부
권현영	40대	여	회사원, 자립준비청년 관련 기부, 여성/아동/장애인 등 관심
김영숙	80대	여	노인복지관 봉사활동 및 기부
임진영	60대	여	노인복지관 봉사활동 및 기부
강은정	80대	여	노인복지관 봉사활동 및 기부
오태호	80대	남	노인복지관 봉사활동 및 기부
박장원	40대	남	고액기부자
이정환	60대	남	고액기부자
김가희	40대	여	매년 기념일 기부
최희진	40대	여	아동단체 결연후원, 여러 기관/이슈에 일회성 기부 참여
정미주	60대	여	팬클럽 기부활동
김화연	60대	여	팬클럽 기부활동
양미경	60대	여	팬클럽 기부활동
이진환	40대	남	고액기부자
최한솔	30대	남	여행작가, 나눔리더 활동, 청소년 분야 관심

2 비영리조직

이름(가명)	연령대	성별	활동조직 특징	직위
김형진	40대	남	모금기관(대)	본부장
홍성철	40대	남	모금기관(대)	본부장
조상준	40대	남	모금기관(대)	본부장
이영근	50대	남	모금기관(중)	본부장
정준수	30대	남	모금기관(중)	팀장
노현성	40대	남	모금기관(대), IT업무	팀장
김은호	40대	남	모금지원단체, 디지털기술 관련 업무	팀장
문정연	40대	여	지역사회복지기관	센터장
장한영	40대	남	지역사회복지기관	부장
유진경	30대	여	지역사회복지기관	사무국장
박지형	50대	남	지역사회복지기관	관장
김다희	40대	여	공익법인 지원	

3 CSR

이름(가명)	연령대	성별	활동조직 특징	직위
강준환	40대	남	제조업, 기업재단	매니저
백수정	40대	여	제조업, 기업재단	매니저
안지호	30대	남	제조업, 기업재단	매니저
한수경	40대	여	ESG 컨설팅	대표
장인주	40대	여	IT, 온라인기부 플랫폼	
유서연	40대	여	IT, 온라인기부 플랫폼	
이윤서	40대	여	금융업, 사회공헌/ESG 담당	차장
박수훈	50대	남	ESG 컨설팅	대표
오민형	40대	남	제조업, CSR 담당	책임
김영훈	40대	남	금융업, 기업재단, 사회공헌 담당	차장
노현준	40대	남	제조업, ESG 담당	팀장
이정민	40대	남	IT, 기업재단, 창업/스타트업 지원	팀장
윤재민	40대	남	제조업, 기업재단, CSR 담당	사무국장
홍은비	30대	여	제조업, CSR 담당	
안예림	30대	여	여가서비스업, 사회공헌/ESG 담당	파트장

부록 2
빅데이터로
바라본
2024년
기부 이슈

데이터 수집

데이터 수집 출처 및 방법

	언론기사	SNS(인스타그램)
작성일자	2024.1.1 ~ 2024.10.11	2022.2.22~2024.8.28
키워드	기부, ESG, 사회공헌, 임팩트, 사회혁신	기부, 모금, 후원, 사회공헌
수집량	65,527개	1,003개
수집방법	빅카인즈(Bigkinds)를 통한 데이터 수집	Meta API를 통한 크롤링

인스타그램은 메타 그룹의 API 정책상 최근 게시물 조회가 불가하여,

인기게시물을 크롤링하였다.[72]

---

72 2023년부터 인스타그램에서 최근 게시물 보기를 지원하지 않아, 수집이 용이한 '인기 게시물'에 국한하여
분석함. 인기 게시물은 게시물의 '좋아요 수' 및 '댓글 수' 등 유저간 상호 작용에 기반하여 인스타그램 내부 기
준으로 정의되는 게시물을 말함(공식적인 기준은 공개되고 있지 않음)

분석 방법

1) TF-IDF[73] 분석: 문서상 유의미하게 등장하는 단어 확인

2) N-gram 분석: 말뭉치내 단어들을 n개씩 묶어 빈도를 파악하는 분석방법으로 단어가 어떤 맥락에서 사용되어는지를 파악할 수 있음

3) 토픽 모델링 분석: 전체 문건에서 어떤 토픽들이 분포하는지 확인하고자 하며, 토픽을 구성하는 단어들을 통해 토픽 내용 규명

---

73 TF-IDF란 단어빈도-역문서빈도를 말한다. 이는 단어의 빈도에 그 단어가 출현한 문서 수의 역수를 곱한 것을 의미. 주제를 식별하고 파악하는 데 효과적이기 때문에 텍스트 분석에서 자주 활용된다. 박상언, 강주연, 『파이썬 텍스트 마이닝 완벽 가이드』, 위키북스, 2023.

뉴스기사 분석
: keyword 기부

기부와 관련한 가장 빈번하게 등장하는 단어는 '지역' '캠페인'
. . . .

언론기사 3만 건을 대상으로 TF-IDF 분석하여 1위부터 60까지 살펴보았다. 오른쪽 표를 보면, 가장 많이 등장하는 단어는 '지역', '캠페인', '참여'였으며, 기업이 4위, 트럼프가 6위로 나타났다.

기업, 임직원, 사회공헌, 환경, 봉사활동, ESG, 경영 등의 단어(주황색)는 기업 사회 공헌 활동의 홍보 차원에서 빈번하게 등장하고 있는 것으로 보인다.

취약계층, 이웃, 가정, 아동, 교육, 장학금, 청소년, 청년, 학교, 아이들 등의 단어는 기부와 관련한 주요 대상자가 취약 계층과 아동 청소년, 청년의 교육 및 장학 지원임을 의미하는 것으로 이해된다(초록색).

답례품, 고향사랑, 고향사랑기부 등의 단어는 여전히 고향사랑기부제와 관련한 뉴스 기사가 많음을 보여주는 결과이다(보라색).

2024년 특이하게 상위권에 오른 단어는 '트럼프', '혐의' 등으로 미국 대선과 일부 사회적 물의가 기부와 관련하여 기사화된 것이 많음을 알 수 있다.

순위	단어	TF-IDF	순위	단어	TF-IDF	순위	단어	TF-IDF
1	지역	0.014	21	1억	0.006	41	센터	0.005
2	캠페인	0.012	22	esg	0.006	42	혐의	0.005
3	참여	0.012	23	장학금	0.006	43	고향사랑기부	0.005
4	기업	0.010	24	관계자	0.006	44	청년	0.005
5	사회	0.010	25	청소년	0.006	45	학교	0.005
6	트럼프	0.010	26	가정	0.006	46	아이들	0.005
7	임직원	0.009	27	물품	0.006	47	피해	0.005
8	취약계층	0.009	28	대학	0.006	48	행복	0.005
9	아동	0.008	29	답례품	0.006	49	협력	0.005
10	교육	0.008	30	고향사랑	0.005	50	가치	0.005
11	서울	0.008	31	주민	0.005	51	선거	0.004
12	문화	0.008	32	전국	0.005	52	성장	0.004
13	지역사회	0.008	33	가족	0.005	53	선수	0.004
14	사회공헌	0.007	34	판매	0.005	54	금융	0.004
15	환경	0.007	35	기금	0.005	55	국가	0.004
16	프로그램	0.007	36	시설	0.005	56	정부	0.004
17	이웃	0.007	37	경영	0.005	57	여성	0.004
18	봉사활동	0.006	38	제품	0.005	58	상생	0.004
19	재단	0.006	39	사회복지공동모금회	0.005	59	헌혈	0.004
20	장애인	0.006	40	서비스	0.005	60	안전	0.004

가장 빈번하게 등장한 단어조합은 '환경-사회-지배구조'

다음은 각 단어들이 어떤 상황에서 사용되었는지, 그 맥락을 이해할 수 있는 3-gram 분석 결과이다. 가장 많이 등장하는 단어 조합은 환경-사회-지배구조이며 842회가 등장했다. 그다음으로는 기업-사회-책임(698회), 기부-문화-확산(610회) 순이었다.

3-gram 100위까지의 단어 조합을 보면, 다음과 같이 6가지로 구분된다(그림의 숫자는 등장 빈도).

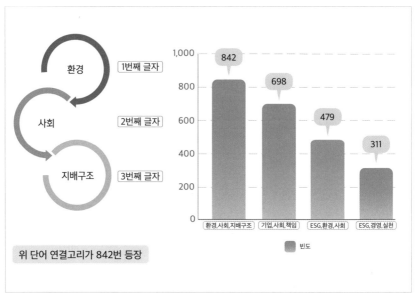

3-gram 분석 결과

3-gram 분석 결과에서 주요 등장 빈도의 단어 조합

첫 번째 범주는 ESG/사회공헌으로, ESG, 사회공헌활동, 기업의 사회적책임활동, 지속가능발전, 사회가치 등의 단어 조합이 빈번하게 등장한다.

두 번째 범주는 기부 캠페인과 관련한 것으로, 기부와 관련한 다양한 뉴스기사가 여기에 해당한다. 눈에 띄는 것은 부영그룹 이중근 회장의 다양한 기부 활동 뉴스 기사, 고액기부, 걸음기부에 관한 단어 조합이다. 세 번째로 많이 나온 범주는 정치권과 관련한 이슈인데, 세부 내용을 보면 미국 대선 관련 정치 후원금 기부가 두드러진다. 그 외 선거법 위반 관련한 내용, 이승만 기념관 건립과 관련한 기부 내용이 확인되었다. 네 번째 그룹은 지원 분야에 관한 것으로, 소방관회복지원, 자립준비청년지원, 국가유산보호, 강제동원피해자와 같이 구체적인 사안부터 기후변화(환경), 장애인일자리, 지방소멸, 취약계층, 아동청소년과도

3-gram(연결고리)	빈도	3-gram(연결고리)	빈도
구분 : 기업/ESG/사회공헌	4,634	구분 : 기부캠페인	4,529
환경,사회,지배구조	842	기부,문화,확산	610
기업,사회,책임	698	업무,협약,체결	516
ESG,환경,사회	479	지원.사용,예정	264
사회,지배구조,ESG	313	수익금,전액,기부	190
ESG,경영,실천	311	주민,복리,증진	172
사회,지배구조,경영	253	기부,문화,활성	152
지배구조,ESG,경영	164	판매,수익금,전액	152
사회공헌,활동,전개	155	회장,이중근,부영그룹	151
사회,책임,실천	152	문화,확산,기여	150
실천,ESG,경영	150	국제,구호,NGO	148
기부,사회공헌,활동	147	기부,캠페인,진행	140
사회공헌,활동,진행	147	창립,주년,기념	140
지속,가능,발전	137	업무협약,MOU,체결	131
창출,사회,가치	122	확산,기부,문화	130
실현,사회,가치	118	이웃,성금,기탁	125
사회,가치,실현	115	누적,기부,금액	122
임직원,자발적,참여	115	이웃,성금,기부	122
현대차,체코,공장	109	사랑,헌혈,캠페인	117
대표,사회공헌,활동	107	고액,기부자,모임	116
구분 : 고향사랑기부	1,202	기념,촬영,사진	114
고향사랑,기부금,기탁	170	판매,수익금,기부	114
답례품,공급,업체	126	걸음,기부,캠페인	112
고향사랑,기부,인증	124	정부,기구,NGO	112
고향사랑,기부금,모금	124	지원,사업,사용	108
고향사랑기부제,개인.주소지	123	사업,사용,예정	107
전액,세액공제,10만	114	삼성서울병원,소아,청소년	107
10만,초과분,16.5%	107	중소,벤처,기업부	107
연간,한도,기부	105	구분 : 지원분야	2,258
초과분,16.5%,세액공제	105	활성화,지역경제,활성	187
관심,참여,부탁	104	인구,감소,지역	151
구분 : 정치권이슈(미대선, 선거법 등)	3,579	국가,유산,보호	150
혐의,공직선거법,위반	306	소방관,회복,지원	150
머스크,테슬라,최고경영자	261	창출,장애인,일자리	144
테슬라,최고경영자,CEO	257	장애인,표준,사업장	143
트럼프,미국,대통령	248	기후,위기,대응	139
트럼프,대통령,지지	196	강제,동원,피해자	132
엑스,X,트위터	183	지방,소멸,위기	131
공직선거법,위반,혐의	170	지역경제,활성,기여	128
대통령,트럼프,대통령	153	주거,환경개선,사업	123
선거,관리,위원회	149	복합,문화,공간	122
해리스,부통령,지지	143	기후, 변화, 대응	121
징역,집행유예,선고	139	취약계층,아동,청소년	117
선거,자금,모금	138	자립준비,청년,지원	107
공화당,전당,대회	137	통합,케어,센터	107
미국,공화당,대선후보	136	복지,전문,기관	106
후보,민주당,대선	134	구분 : 기부채납	680
머스크,트럼프,대통령	131	공원,특례,사업	153
공화당,대선후보,트럼프	130	민간,공원,특례	152
대표,이재명,더불어민주당	128	HDC,현대산업개발,관계자	127
대선후보,트럼프,대통령	118	지구,단위,계획	127
식사,제공,혐의	110	도시,계획,위원회	121
대선,트럼프,대통령	106	총합계	16,992
이승만 대통령,기념관,건립	106		

같이 보다 광범위한 사회 이슈가 기부와 관련해서 빈번히 등장한다는 점도 확인 가능하다.

다섯 번째 그룹은 고향사랑기부로 답례품, 세액공제와 참여독려와 같은 단어 조합이 두드러졌다.

토픽 분석 결과
· · · · · · · · · · ·

문헌 전체의 텍스트를 분석에 활용하여 전체적으로 어떤 주제(토픽)들이 존재하는지 알기 위해서 토픽 모델링 분석을 진행하였다. 토픽 모델링을 통해 언론 기사의 지형을 파악하면 다음과 같다.[74]

가장 먼저 기부 채납, 정치 자금 기부, 미국 대선 캠페인 등 본 기부트렌드에서 중점적으로 다루는 국내 기부시장 흐름과는 다른 영역의 주제가 상당수 포함되어 있다는 것을 확인할 수 있다(Topic 1, 3, 6).

두번째 토픽은 기업의 기부캠페인에 관한 것이다. 소비자들이 참여할 수 있는 방식으로 기부 캠페인이 활성화되고 있다는 점이 흥미롭다.(Topic 2). 실제 Topic 2와 유사성이 높은 기사들을 검색해 보면, 소비자들이 상품을 구매하면 수익금의 일부가 기부가 되거나 마일리지 및 포인트 기부 등 다양한 경로로 기부에 참여할 수 있는 캠페인이 홍

74　토픽 모델링에서 적절한 토픽의 개수를 연구자가 정하는 것이 중요한데, 토픽 모델이 문서 집합을 잘 반영해내기 위해 응집도coherence가 높고, 혼잡도perplexity가 낮은 기준으로 토픽 수를 결정하였다. 박상언, 강주연, 『파이썬 텍스트 마이닝 완벽 가이드』, 159쪽, 위키북스, 2023.

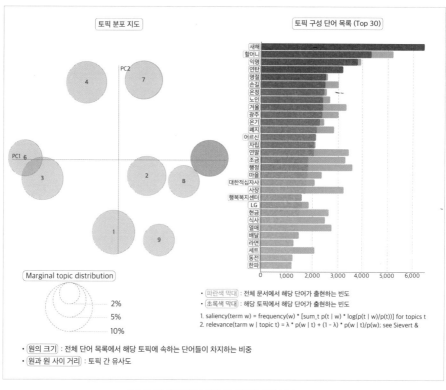

토픽 분포 지도

토픽 구성 단어 목록 (Top 30)

Marginal topic distribution

- 2%
- 5%
- 10%

- 파란색 막대 : 전체 문서에서 해당 단어가 출현하는 빈도
- 초록색 막대 : 해당 토픽에서 해당 단어가 출현하는 빈도

1. saliency(term w) = frequency(w) * [sum_t p(t | w) * log(p(t | w)/p(t))] for topics t
2. relevance(tarm w | topic t) = λ * p(w | t) + (1 − λ) * p(w | t)/p(w); see Sievert &

- 원의 크기 : 전체 단어 목록에서 해당 토픽에 속하는 단어들이 차지하는 비중
- 원과 원 사이 거리 : 토픽 간 유사도

인스타그램 #기부/#후원/#모금 키워드 토픽 분포

보가 되고 있다. 또한, 해당 토픽에는 친환경 활동을 진행하는 기업의
노력들도 포함되어 있다.

이외 장학 기부(Topic 4), 전통적인 기부 활동 및 미담(Topic 5)이 약
20%의 비중으로 분포되어 있고, 인플루언서 기부 콘텐츠 역시 홍보
효과가 높은 만큼 주된 비중으로 등장하고 있다.

토픽	내용요약	주요단어(기여도 순 정렬)	토픽비중
Topic 1	기부채납	부지, 주택, 지정, 드론, 공원, 민간, 아파트, 건설, 단지, 공공, 규제, 대응, 행정, 시민들, 예산, 특구, 교통, 변경, 공급, 정비	13.7
Topic 2	기업캠페인 홍보 + 친환경 노력	매출, 출시, 상품, 헌혈, 소비자, 탄소, 매장 스타벅스, 챌린지, 헌혈증, 디지털, AII, 포인트 효과, 모델, 콘텐츠, 지구, 인증, 에너지, 기후	13.5
Topic 3	기부세탁 및 정치자금법 관련	혐의, 마약, 서울아산병원, 경찰, 위반, 재산, 사건, 검찰, 주식, 위원장, 의혹, 수사, 김씨, 기소, 재판, A 씨, 선고, 논란, 행위, 총선	13.4
Topic 4	모교 및 장학 기부	총장, 선수, 교수, 포천시, 장학, 삼성, 육성, 골프, 포천, 양성, 명예, 부회장, 캠퍼스, 기증, 고려대, 투어, 졸업, 우승	11.7
Topic 5	전통적인 기부활동 및 미담 (겨울, 연말연초)	새해, 할머니, 익명, 연탄, 명절, 손길, 온정, 노인, 겨울, 광주, 온기, 폐지, 어르신, 자립, 연말, 조금, 행정, 마을, 대한적십자사, 사장	11.6
Topic 6	미국 대선 캠페인 관련	트럼프, 대만, 중국, 대선, 전쟁, 지지, 이스라엘, 민주당, 바이든, 공화당, 머스크, 발언, 자유, 사퇴, 하마스, 비판, 요구, 제기, 표현, 총장	10.4
Topic 7	인플루언서 기부	아이유, 배우, 영화, 크리스마스, 소속사, 유튜브, 축제, 공연, 2억, 채널, 작품, 소식, 예술, 그림, 작가, 방송, 촬영, 선행, 부모, 열매	10.0
Topic 8	미래세대, 동물 관련 지원 (출산, 다문화, 초등학교, 동물, 반려)	출산, 동물, 소상공인, 장관, 교사, 부모, 투게더, 부영그룹, 극복, 초등학교, 수상, 예방, 반려, 어린이집, 다문화, 장려금, 지원금, 늘봄학교, 전통, 보훈	8.8
Topic 9	고향사랑기부제	답례품, 공제, 지자체, 사랑기부, 고향사랑기부제, 일본, 기부액, 치료, 환자, 모금액, 세액, 환아, 10 만, 소아암, 의료, 치료비, 지방, 임영웅, 연간, 소득	6.9

또한, 앞서 빈도수 분석에서는 관찰되지 않았던 출산, 동물 관련 이슈가 등장하고 있으며, 고향사랑기부제는 TF-IDF가 가장 높은 키워드로 주목받은 것과는 달리, 전체 문서에서의 비중은 약 7%로 하위 토픽을 차지하고 있다.

SNS 분석(인스타그램)

조직 및 기관들의 홍보성 기사가 많은 뉴스와 달리, SNS에서는 일반 시민들에게 호응을 얻고 있는 기부트렌드가 확인 가능하다. 이하의 분석은 인스타그램 인기 게시물을 대상으로 하였다. 인기 게시물은 시민들의 '좋아요 수' 및 '댓글 수' 기반으로 매체에 자주 노출되는 게시물을 뜻한다.

#기부, #후원, #모금 인기 게시물 분석 결과

다음 페이지의 그림은 인스타그램에서 #기부, #후원, #모금을 키워드로 검색했을 때 노출되는 인기 게시물의 토픽 분포를 보여준다. 상당 부분 토픽들이 중복되어 있는 것(원의 겹침)으로 보아 내용적으로 유사한 게시물들이 많음을 확인할 수 있다.

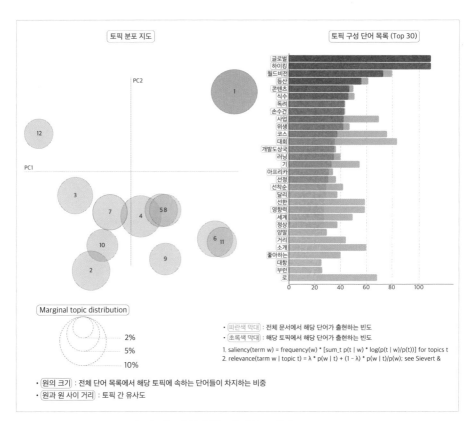

토픽 분포 지도

토픽 구성 단어 목록 (Top 30)

PC2

PC1

Marginal topic distribution

2%
5%
10%

• 파란색 막대 : 전체 문서에서 해당 단어가 출현하는 빈도
• 초록색 막대 : 해당 토픽에서 해당 단어가 출현하는 빈도
1. saliency(term w) = frequency(w) * [sum_t p(t | w) * log(p(t | w)/p(t))] for topics t
2. relevance(tarm w | topic t) = λ * p(w | t) + (1 − λ) * p(w | t)/p(w); see Sievert &

• 원의 크기 : 전체 단어 목록에서 해당 토픽에 속하는 단어들이 차지하는 비중
• 원과 원 사이 거리 : 토픽 간 유사도

인스타그램 #기부/#후원/#모금 키워드 토픽 분포

해외 지역 개발을 위한 참여형 콘텐츠가 가장 많은 비중을 차지한 토토픽이었다(토픽 1). 개발도상국 아이들의 식수를 위해 기부런('글로벌 6K 러닝')을 진행하는 월드비전이 가장 대표적이라 할 수 있다. 또한 12개 토픽 중 동물 보호와 관련된 토픽이 무려 4개나 차지하고 있어, 학

토픽	내용요약	주요단어(기여도 순 정렬)	토픽비중
1	해외 지역개발을 위한 참여형 컨텐츠 (등산, 러닝 등)	글로벌, 하이킹, 월드비전, 등산, 콘텐츠, 식수, 독려, 손수건, 사업, 위생, 대회, 개발도상국, 러닝, 선착순, 아프리카, 영향력, 선한, 피드	12.1
2	방치/학대동물 임시보호(위탁) 참여촉구	방치, 견, 도와주세요, 산책, 수컷, 상태, 간식, 믹스, 학대, 상처, 임보처, 위탁	10.1
3	종교에 기반한 기부활동	콩, 하나님, 햇살, 호소, 속보, 케어, 할머니, 생명, 소중한, 보금자리, 캘린더, 봉사, 주님, 복음	10.0
4	기부마라톤, 기부런 챌린지	운동, 코스, 선수, 대회, 수익금, 달리기, 챌린지, 전국, 기록, 목적, 개인, 다리	9.6
5	지진, 산불 등 재해모금	튀르키예, 지진, 피해, 산불, 협회, 구호, 현장, 노인, 지역, 대형견, 소형견, 도살, 백구, 황구, 멍, 선	8.5
6	아동청소년 의료지원 관련	나눔, 소아, 암, 재단, 명복, 감았습니다, 미안해, 희망, 어린이, 청소년, 입원, 숨	8.4
7	동물 보호 참여 관련(기부)	주인, 순이, 어미, 배, 도와주세요, 통장, 새끼, 계좌, 뱅크, 장수, 반려견	7.7
8	사회공헌 이벤트 참여	인스타그램, 댓글, 당첨, 기회, 마라톤, 도전, 길거리	7.3
9	동물학대 이슈레이징	학대, 도살, 케어, 시민, 불법, 경찰, 번식, 농장, 동물학대, 금지, 평생, 건강	7.3
10	기부 방법 및 절차 관련 (임시보호와 주로 연관)	네이버, 카카오, 카페, 계좌, 영수증, 비영리, 발급, 정기, 안락사, 임보, 행동, 새끼, 어미	6.9
11	연말 성금 행사팝업 등	크리스마스, 씰, 스토어, 결핵, 팝업, 협회, 기금, 앤서니, 브라운, 창성동, 종로구, 퇴치	6.5
12	길고양이 등 유기동물 정보	길고양이, 충북, 캣, 반려, 묘, 펫, 유기묘, 냥, 복막, 카라, 프로젝트, 원자, 회원, 박스	5.5

대 및 유기 동물을 보호하기 위한 일반시민들의 참여를 다각도로 촉구하고 있음을 알 수 있다(후원, 임시/위탁보호 등).

인스타그램의 특성상 유저들의 참여를 촉구하고 인증할 수 있는 행사들이 다수 게시가 되는데, 기부 마라톤이 대표적이며 관련 기관들이 댓글 이벤트, 당첨 이벤트 등 다양한 프로모션을 진행하고 있다. '나코모코'(나만의코스가 모두의 코스)가 대표적이며 인스타그램 유저가 자신만의 런코스를 추천해주는 식으로 NGO 캠페인 활성화를 꾀하고 있다.

재해/재난 관련 모금과 아동청소년 의료 지원, 연말 성금행사 등 전통적으로 기부/모금에서 주목받고 있는 콘텐츠가 각각 5위, 6위, 11위로 상당 부분 차지하고 있음을 관찰할 수 있으나, 종교에 기반한 기부 콘텐츠가 전체 토픽에서 더 상위 비중으로 차지하고 있다는 점이 인상적이다(3위).

#기부 인기 게시물 분석결과

기부 관련 콘텐츠로 분석의 범위를 한정하면, 기부와 관련된 기업 및 기관 등 에이전시Agency가 등장한다는 사실이 유의미한 차이점이다. 주요 단어를 보면 '노스페이스, 유니세프, 아산병원, 맥도날드' 등 사회공헌에 참여하고 있는 주체들이 유의미하게 등장한다.

또한, 모금/후원에 일반인들이 많이 등장하는 것에 비해 기부의 경우 유명인들의 기부 활동이 많이 홍보되고 있다(박진영/아이유/피식대학 등).

앞선 결과와 마찬가지로, 기부런, 재해모금, 동물보호, 종교 관련 콘텐츠 등이 상당 토픽을 차지하고 있으며, 공익 콘텐츠, 감동 사연, 일상과 연계한 나눔 스토리도 다수 나타난다.

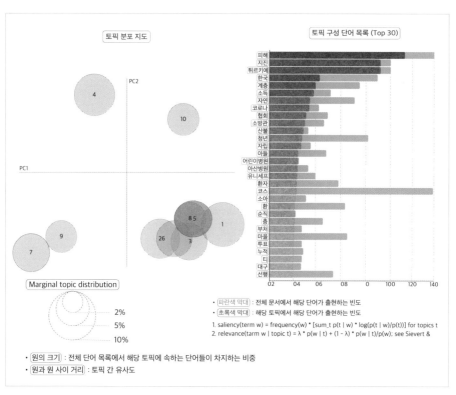

인스타그램 #기부 키워드 토픽 분포

토픽	내용요약	주요단어(기여도 순 정렬)	토픽비중
1	기부런	기록, 전시, 런, 청년, 코스, 완주, 게임, 한강, 오프라인, 노스페이스	14.5
2	공익 관련 콘텐츠 (나눔, 자선, 행복지수)	재단, 행복지수, 사회, 공익, 나눔, 유튜브, 회장, 자선	11.7
3	기부런 코스	천보, 코스, 나코모코, 러닝, 한강, 봉사, 나무, 사료, 봉사자, 리스트	10.3
4	종교에 기반한 기부활동	햇살, 콩, 하나님, 캘린더, 입양, 소중한, 달력, 주님, 복음, 교회, 성탄	10.3
5	지진, 산불, 코로나 등 재해모금	피해, 지진, 튀르키예, 계층, 소득, 자연, 코로나, 소방관, 어린이병원, 아산병원, 유니세프, 소아, 순직	10.0
6	동물 보호 콘텐츠	고양이, 하우스, 팜, 도와주세요, 계좌, 해주세요, 아프리카, 댓글	9.8
7	나눔과 일상	그램, 이불, 스타, 달리기, 반려견, 강아지, 일상, 러너, 영화, 즐겁게, 펫	9.2
8	연예인 기부	피식대학, 아이유, 박진영, 영양, 보육원, 어린이, 경북, 군청, 물품	8.3
9	선행 관련 감동사연	눈물, 생활, 미, 천사, 에스쿱스, 최선, 할머니, 선행, 떠날, 노력, 명복	8.2
10	동물 입양 관련	맥도날드, 동물, 강아지, 입양, 고양이, 스토리, 마리, 챌린지, 덕구, 팔로우, 패밀리	7.8

인스타그램 #기부 키워드 토픽분포

기부트렌드 2025 발간에 많은 분이 도와주셨습니다. 특히 기부트렌드 패널 (2기)로 활동하신 참여자분들의 이름을 감사의 마음을 담아 여기 남깁니다(가나다순). 익명으로 참여하신 분이 적지 않았습니다.

강민기(구미대학교 간호대학), 강요셉(금융산업공익재단), 권미진(아름다운가게), 귤, 김경호(상동종합사회복지관), 김기탁(아빠육아문화연구소), 김민석(마스턴투자운용), 김수연, 박무량(자광재단), 박환희(중앙대학교), 신명식(숭실대학교), 안석환(밀알복지재단), 알파, 이미애(사회적협동조합 밝은내일), 이선문(세이브더칠드런), 이재찬(뚜벅기부), 이현주(한국해비타트), 인성환(사회연대경제연구소), 임정빈(중앙대학교병원), 장열매(숭실대학교), 정수연(단국대학교), 정혜주(연세대학교 사회복지대학원/경기복지재단), 조현진(한국지역정보개발원), 최유진(초록우산), 최현우(월드쉐어), 추연일(열매나눔재단), 한소라(파주시노인복지관)

기부트렌드 변화 (2015~2024)

	2015	2016	2017	2018
개인기부자	개인기부 참여율 감소 평균기부금액 증가	기부참여율 감소하나, 기부몰입도는 증가 여성기부자 발굴/양성 필요 기부 미래세대 육성 필요	지난 10년간 개인기부규모 1.5배 증가 종합소득자의 1인당 기부금 > 근로소득자 1인당 기부금 (2.6배)	1인체제의 확대와 집단기부의 하락 자기주도적 소비의 확대: 의미를 찾는 신중한 기부 가치소비의 확대

개인기부자 지표:
- 8.05 (2015), 8.45 (2016), 8.52 (2017), 8.85 (2018)
- 26.9 (2015), 26.7 (2017)

	2015	2016	2017	2018
법인기부자	제조업과 금융업의 기부총액이 가장 크지만 감소추세 정보서비스업의 기부총액 증가	매출 상위 30대기업이 전체 기부의 46% 차지 매출상위 101~200위권 기업의 기부총액 비중 증가	기업 자체사회공헌 증가 파트너십 비중 감소 취약계층 지원이 여전히 중요한 이슈	기부가 아닌 기부 : 자선적 기부에서 사회적 기여로

법인기부자 지표:
- 5.04 (2015), 4.85 (2016), 4.74 (2017), 5.14 (2018)

	2015	2016	2017	2018
비영리조직		대형 공익법인에 기부 편중 중소기관의 낮은 자립도		모금기관 간 경쟁심화와 양극화 전통적 기부방식의 하락: 집단기부, 언론기부, 동전모금
기술				사물인터넷과 블록체인: 새로운 기부 플랫폼을 준비하라
법/제도				비영리섹터 투명성 관리제도의 작동 : 정책 혼란기

2019	2020	2021	2022	2023	2024
	혼돈의 가장자리, 새로운 질서로 이끌 이정표	코로나19, 변화의 촉진제가 되다	확장되는 세계, 일상이 되는 기부	기부효능감을 잡고, JUMP UP!	주도하는 기부자 반응하는 모금조직
밀레니얼의 기부 '나를 드러내는' 착한 소비 기부자 유동성 증대	MZ세대의 작은 참여, 세상을 바꾸는 선한 영향력 참여하기에서 '판'깔기로	위기상황에서 보여진 상생의 힘 기부자가 앞장 선 다양한 판깔기	기부자가 만드는 기부, 그리고 문화 : 청년세대가 이끌고 기성세대가 받쳐주다	위기 속에서 빛나는 기부의 힘 - 취향으로 모이고 연대 - 기부효능감	기부, 지향성과 만나 정체성이 되다 기부와 손잡은 인플루언서, 확장되는 기부

개인기부금 총 규모(조 원)
※ 출처 : 국세통계연보(2015~2022), 인플레이션 반영(CPI=2020 기준)

| 9.25 | 9.19 | 10.04 | 9.93 | | |

기부참여율(%)
※ 출처 : 통계청 사회조사(2015~2023)

| 25.6 | | 21.6 | | 23.7 | |

| 사회공헌에서 사회적 책임으로 | 기업, 사회문제 해결의 주체로 | K-방역 안에서 새로운 길을 찾고 있는 사회공헌

코로나, 우리동네 이야기
: 지역과의 동반성장과 지역문제로 초점 변화 | ESG시대의 기업사회공헌, 갈림길에 서다
- 기업의 ESG 내재화
- ESG, 경영전략과 결합
- 저탄소 사회공헌 | 기업사회공헌 :
트렌드를 넘어 성숙으로
- 코로나19, 위기는 변화와 성장의 기회
-사회공헌, ESG에 밀리다 | ESG 나 혼자 산다?
사회공헌과 함께 해야 할 지속가능경영

비영리의 파트너, 기업의 영향력이 커지다 |

법인기부금 총 규모(조 원)
※ 출처 : 국세통계연보(2015~2022), 인플레이션 반영(CPI=2020 기준)

| 5.32 | 5.15 | 5.13 | 4.08 | | |

공익활동에 영리적 요소 가미하기 : 비영리마케팅 투명성! 여전히 지뢰밭	비영리의 사회적 가치: The Social Value Revisited 초불확실 시장에서 틈새찾기 : 고액기부판에 뛰어들기	언택트(untact)의 일상에서 온택트(ontact)로 연결하고 위로하다 : 다양한 캠페인 이야기	모금단체를 중심으로 본 전략적 변화 위기 - 사업 전문성 강화 - 기승전 스토리 - 브랜드파워와 영상파워 - 빅머니 시장에 주목	변화 속에서 본질 찾기 - 언제나 중요한 기부자와의 관계 - 진정성 있는 의사소통 - 진화한 모금 콘텐츠 - 일상이 된 재난	주도하는 기부자, 반응하는 모금조직 뉴노멀시대의 가볍게 오래가는 관계 만들기
개의 채널, 두 개의 바퀴 : The New Classic - 모금의 전통적 채널과 새로운 채널의 공존	필테크(Phil-tech, 必-tech): 핀테크와 오픈소스를 활용한 마케팅	빨라진 변화의 속도, 보다 복잡해진 욕구들 - 온라인 모금체계 전환 - 가상이벤트	디지털 모금 : 거스를 수 없는 변화, 다양한 생존의 길	다양한 기술 활용, 잠깐의 숨고르기 (기술활용 속도조절)	기술, 흥미롭지만 익숙하지 않아요 - 생성형 AI 활용 - 일상에서 쉽고 빠르게 - 컨텐츠가 중요 - 기부 큐레이션
정기부금단체 의무사항 대폭 강화 부금 세제혜택 범위 확대 및 이월공제기간 연장	비영리 투명성, 자율성과 통제 사이 - 공익법인회계기준 전면 시행	빠른 문제 해결에 대한 기대, 그리고 투명성에 대한 압박 국가, 민간기부의 선을 넘보다: 시민사회의 자율성과 독립성에 대한 무지?	공공, 민간기부의 선을 넘다 - 고향사랑기부금법과 긴급재난기부금법	투명성 향상을 위한 법제도 점검 고향사랑기부금법 시행	진격의 거인, 비영리의 지축을 흔들다 - 기부금품법 개정

기부트렌드 2025

효율과 낭만, 기부 감각을 깨우다

2025년 1월 22일 초판 1쇄 펴냄

사랑의열매
사회복지공동모금회

지은이   박미희, 이수현, 윤지현, 최계명, 이영주, 유재윤, 허담
편집   마담쿠, 코디정
디자인   김선미 stedy5655@naver.com

펴낸곳   이소노미아
         서울시 종로구 율곡로 2길 7, 서머셋팰리스 303호
         T | 010 2607 5523   F | 02 568 2502
         Contact | h.ku@isonomiabook.com
펴낸이   구명진

이 책은 집필진의 연구활동의 성과이며 수록된 내용이 사회복지공동모금회의 공식 견해는 아닙니다.

사랑의열매 나눔문화연구소는 우리 사회의 나눔문화 성숙을 위해 기부와 나눔, 사회변화, 임팩트를 탐구하며 나눔지식의 허브를 지향합니다. 사회복지 및 비영리단체 실무자와 국민 누구나 편리하게 나눔에 대한 지식과 정보를 얻고, 모두가 함께하는 지속 가능한 공동체 성장의 토대를 다지는 공간으로 여러분의 참여를 기다립니다.

사랑의열매 나눔문화연구소 블로그
https://blog.naver.com/nanum-research

ISBN 979-11-90844-58-1 03070